AF198296

Auflage, 2021

Regina Bartels

Alfbeaglemann@gmail.com

Herstellung und Verlag:

Tredition GmbH

Halenreie 40-44

22359 Hamburg

978-3-347-24774-1   (Paperback)

978-3-347-24775-8   (Hardcover)

978-3-347-24776-5   (e-Book)

Knutscha euer Alf

Die Autorin

Regina Bartels, 1959 bei Hamburg geboren, ein Kind, zwei Enkelkinder, setzte sich immer schon für den Tierschutz ein.

Tiere, im Besonderen Hunde, gehörten von Beginn an in und zu ihrem Leben.

Im November 2016 zogen bereits zwei Hunde aus Bulgarien bei ihr ein. Als 2019 im Rahmen einer Undercover-Recherche der Skandal um ein Tierversuchslabor publik wurde, kämpften sie und ihr Ehemann gemeinsam mit vielen anderen um die Schließung dieses Instituts.

Bereits im Zuge dieses Kampfes versprachen sie sich, sofern es denn möglich sein würde, einen dieser Hunde bei sich aufzunehmen.

Dies geschah am 24.01.2020. Dieser kleine Hund veränderte das Leben der Familie und vieler Menschen.

Regina und Volker Bartels engagieren sich weiterhin im Kampf gegen Tierversuche und Versuchslabore.

Gemäß Horst Sterns Zitat:

Ein einzelnes Tier zu retten, verändert nicht die Welt, aber die ganze Welt verändert sich für dieses eine Tier.

Der Beaglemann
Teil II

Mut, Vertrauen und Liebe

Regina Bartels

Für Lina,
geboren am 17.04.2015

Alfs Labor Schwester Lina, wurde am 30.01.20
in ein neues Leben katapultiert.
Und am 30.03.21 zurück in die Vergangenheit
geschleudert.

Nun passierte, was nicht passieren darf.
Nach nur 14 Monaten in Freiheit erkrankte Lina schwer.
Sehr schwer!

Klinikaufenthalt, Nadeln, Lampen, Tische, Fixierungen
und Sonden. Gehirnwasser Punktion.
Diagnose: Zerfall des ZNS (Zentralen Nervensystems)
Ihr Nervensystem wurde zerstört.
Ihr Gehirn löst sich auf. Warum durfte Lina
nur 14 unbeschwerte Monate haben?

Genau wie Alf und der Rest unserer Beagle Familie,
war sie 5 Jahre in diesem Labor gefangen,
(außer Lucy, die musste 7 Jahre durchhalten).

Wie das so ist, haben sich einige Beagle im Netz heimlich
wiedergefunden. Als Selbsthilfegruppe für traumatisierte
Laborhunde, sowie zum Austausch von Informationen.

Halte durch kleine tapfere Lina

Die Nachricht von Lina traf uns mitten ins Herz.
Alfs ganze Community, bangte, betete und unterstützte
Lina und ihre Familie. Halte durch, kleine, tapfere Lina
Und kämpfe wie du es gelernt hast.

OHANA

Ohana bedeutet Familie.

Familie bedeutet niemand wird

vergessen oder bleibt zurück.

In diesem Buch erzählt Alf der Beaglemann, von seinem ersten Jahr in Freiheit, nach fast fünf Jahren in einem Tierversuchslabor. Wie er diese spannende Zeit erlebt, schilderte er bereits im ersten Teil.

Der Beaglemann – ein Leben nach dem Labor

Das zweite Halbjahr fängt genauso an, wie das erste endete.

Voller Abenteuer und Zuversicht.

Dieser kleine Hund liebt das Leben, die Menschen, und geht mit staunenden Hundeaugen durch die Welt.

Mit seinen liebevollen Augen, den riesigen samtweichen Ohren, die beim Beagleflitzen wie Tragflächen abstehen, seiner Empathie gegenüber jedem Lebewesen, hat er mich gelehrt, alles nicht so verbissen zu sehen, zu verzeihen, dankbar zu sein und das Leben zu feiern.

Denn was braucht man wirklich?

Kommt mit auf seine Reise,

Alf dabei zu begleiten, ist wohl eins der schönsten Abenteuer die wir und ihr erleben dürfen.

Viel Spaß dabei

Inhalt:

Für euch

Ich widme dieses Buch all unseren Wegbegleitern,

Tierschützern, Freiheitskämpfern,

jedem der eine Schlacht verloren hat aber nicht den Krieg.

All den vielen Tieren die schon und noch in den Laboren zum Teil grausam sterben mussten um einigen ein Leben in Geborgenheit zu ermöglichen.

Mahnwache vor dem LPT Neugraben.

Glück ist

- Frei sein
- Dinge zu erforschen
- Menschen zu vertrauen
- Ängste zu besiegen
- Freude erleben
- Liebe annehmen und zu schenken
- Alle Sinne zu trainieren
- Empathie zu erleben
- In der Wackelkiste zu fahren
- Im Bett zu liegen
- Meinen Schwestern die Bonbons vor
  der Nase wegzuschnappen.

- Ein Schelm zu sein
- Selbstbewusst durch das Leben gehen
- Alles anzupinkeln
- Einfach ein Familienhund zu sein
- Das Leben zu lieben

Ein Jahr ist vergangen, seitdem ich das Todeslabor verlassen konnte. Viel ist seitdem Geschehen. Teil II meiner Geschichte.

Mit Muddi und Papi

Kapitel 1: Der Sesshafte

27.6. Gestern hatte ich ja auch Jubilenium ich wohne jetzt seit fünf Monaten hier bei meiner Familie. Es ist unglaublich viel geschehen in dieser Zeit. Meine Laborschwestern Amy, Feli und Lucy haben die gleiche rasante Entwicklung gemacht. Es ist so wunderbar unser neues Leben. Ach, ich werde schon wieder sentimental... gestern durfte ich wieder im Bett schlafen. Meine Menschen suchen immer ne Ausrede dafür war viel Trubel, ich könnte, eventuell, einen Anfall bekommen.

Egal! Is toll im Bett. Der Toni, mein Cousin, hat ja hier geschlafen. Dieses Mal hat er in die Küche gekackt. Muddi war nicht begeistert. Vor ihrem geliebten Kaffee schon sowas.

Toni und ich sind voll die Kumpels. Hetty und Tessa haben Angst, dass der bleibt. Ich nicht. Er kommt aus Bosnien und war 1 1/2 Jahre im Heim. Er sagt, das ist nicht wie Labor. Die Menschen waren nett dort.

Der Spaziergang war kurz, denn es war schon sehr warm um 9.00 Uhr.

Später hat die Muddi das Rüsselmonster rausgelassen. Ich nää, voll relaxed, aufm Sofa geblieben. Der Toni, ogoddogott, hin und her und rein und raus. Ist voll gut, wenn man nicht mehr der Neue ist.

Nun liege ich auf meiner Kühlmatte und chille.

Toni kriegt immer Ärger, wenn er zu vorlaut ist. Ich schlendre einfach an Tessa vorbei, obwohl sie in ihrer herrschaftlichen Sandkule liegt. Ich darf das ja jetzt. ER nicht.

Als Tonis Leute kamen, war erst wieder ein bisschen Theater, hat sich schnell beruhigt. Danach lief alles ganz

relaxed. Als der große Regen mit Lärm kam, sind wir auf der Terrasse schön zusammengerückt. Toni in meinem Draußenkörbchen, ich auf meinem Fell.
Komisch ohne Toni.

28.6 Er fehlt mir. Bin ganz komisch, sagt die Muddi. Sie sagt es geht ihm gut. Dieses weg von Freunden, ist ein anderes weg als im Labor. Dazu humple ich auch noch. Rechter Vorderlauf. Vertreten oder versprungen. Musste schon Arnika Kügelchen nehmen. (Unter die Lefze geschoben). Muss heute bisschen ausruhen. Unsere Abendrunde haben wir jetzt abgetrödelt. Wenn ich auf Drehzahl komme bin ich kein Humpelkumpel, sondern ein Rennbesen. Morgen kommt wieder dieser Montag, also früh aufstehen. „Schläft" gut euer Alf

30.6. Der Papi war gestern mit auf der Morgenrunde.
Onkel und Tante auch. Muddi war Dörrfleisch verdienen. Sind voll ne große Runde gegangen. Danach ist der Papi weg und kam mit Dörrfleisch zurück, boah, gute Muddi. Nachmittags hatte der Opa zum Geburtstag geladen und stellt euch vor, es gab nix! Gar gar nix, nur Wasser, ob ich da nochmal hingehe? Aber der Weg hin und her war gut. Straßen, Häuser, Vorgärten ... viel zu schnüffeln.
Heute ist das Wetter nicht so schön und die Muddi ist lamweilich. Wieder dieses Knochending. Auf der Morgenrunde haben wir Ute gehört, also die Herde, zum Glück musste ich da nicht hin.
Den restlichen Tag hab ich eigentlich nur liegend und drinnen verbracht. Muddi sagt, das ist gut für mein Humpelbein. Und ihre Knochen. Um 19.00 bin ich mit meinen Kumpels Yambo, Calliou und Hope verabredet,

aber es nieselt ich, als Zuckerschnute, könnte mich auflösen… hoffentlich bis bald euer Alf

Guten Mittwochmorgen aufstehen, kuscheln, Kaffee trinken und Vorfrühstück. Dann sind Onkel und Tante mit 'ner großen Tüte Dörrfleisch gekommen dafür bleibt die Muddi auch den Rest der Woche zuhause, sagt sie. Auf der Runde haben wir Berry getroffen, bin gleich zu ihm hin. Netter alter Opi. Mittags hat Muddi dann Steffi mitgebracht und Melone. Nachdem ich vor ihr fliehen konnte, war der Tag noch gut. Abends waren wir alle zusammen auf dem Platz. Da hab ich ihr erstmal gezeigt, was ein Beagle kann. Danach Zahnputzer und Ruhe in Karton.
Ich wollte mit in Muddis Bett schlafen, durfte ich auch. Die ganze Nacht sogar. Steffi hat ja hier geschlafen und da konnte ich dann gleich Besitz von ihr ergreifen.

02.7. Die Morgenrunde war gut. Mehr Menschen als Hunde. Keine Fotos nur laber Rhabarber und son Mist. Zuhause angekommen fix gefrühstückt uuuunnd Fotosession mit Steffi. Die ist bisschen beagleverrückt. Naja, hab das Geküsse überlebt. Nachmittags konnten wir nicht los. Zu viel Regen. Nun sind wir bei Onkel und Tante. Hab gleich in den Keller gepiescht und das Altpapier ausgeräumt und geschreddert. Tja dumm gelaufen für Onkel und Tante, so nun machen wir erstmal Party und fressen den neuen Nachbarn.

03.7. Cool, heute ist wieder der Homofiss da. Dieses Mal aber oben und nicht auf der Terrasse. Auf der Morgenrunde haben wir ein Reh getroffen. Das blieb seelenruhig stehen und äste, komisches Wort. Naja, jedenfalls stand das einfach in der Pampa rum. Wir haben uns ganz vorbildlich verhalten. Wir haben alle nur geguckt.

Heute bin ich beim rumbeaglen wieder in ein Loch getreten. Nun humpel ich wieder doller. Die Muddi massiert mein Bein, das tut gut. Ich springe ja auch voll Karacho vom Sofa und lande nur auf den Vorderpfoten .... mein rechtes Pfötchen ist sowieso nach außen verdreht. Da war auch immer die Kanüle drin. Die Ader ist auch ganz knubbelig. Wahrscheinlich hab ich durch die Fixierung einen verdrehten Fuß, glaubt die Muddi. Werden wir wohl nie erfahren ....

Auf dem Hundeplatz war es ganz okay. Ich soll ja mein Bein schonen obwohl, wenn ich flitze, ist nix los. Hab wieder gemütlich mit im Bett gepennt, bin dann auch als letzter aufgestanden. Und dann krawumm vom Bett gesprungen. Uuunnd ich humpel wieder. Muddi hat mal ne Elastikbinde drumgetüddelt. Ich hab gespeichelt wie verrückt ... also keine Option. Ewig fummeln die an mir rumdrücken, drehen, dehnen und machen was weiß ich mit meinem Bein. Da muss man doch auch humpeln. Echt Muddi, krieg dich wieder ein! Dann hat sie noch versucht einen Pfotenandruck zu machen... ja, nee is klar, da kann man nen Rohrschacht Test mitmachen, aber sonst zu nichts zu gebrauchen. Muddi, Muddi trink mal lieber einen Kaffee!

Es ist ekliger Nieselregen und wir haben abgestimmt. Die Muddi darf zu Hause bleiben und Essen machen. Wir wollten auch hierbleiben. Der Papi kann ja auch mal ohne uns gehen, wollte er aber nicht. Na gut, dann latschen wir eben mit... dabei ist das in der Küche gerade so gemütlich. Also bis Morgen und passt auf euch auf euer Alf

05.7. Sonntag, Ausschlafen und Frühstück im Bett, bestehend aus Käse und Pille. Heute ist Penny hergekommen zum Spazieren. Wetter war beaglegut. Nicht zu warm und trocken. War nicht viel los unterwegs. Danach habe ich Penny noch zum Essen eingeladen. Sie ist ja sehr wählerisch, aber unser scheint zu schmecken. Später hab ich mich im "King Size Körbchen" entspannt. Musste sein. Bein braucht Ruhe. Nachmittags war viel los im Gelände und ich war froh, als es Richtung Zahnputzer ging. Nun lassen wir den Sonntag ausklingen.

06.7. Jeah Montag, früh aufstehen, kuscheln und Vorfrühstück. Wie schön mit Onkel durch die Pampa, Frühstücken und pennen, bis Muddi wieder da ist. Nu is sie da und alles ist gut.
Das Wetter lässt echt zu wünschen übrig Wind, Regen und kühl. Da muss ich schon fast meinen Mantel anziehen. Wir hatten heute ganz seltenen besonderen Besuch. Die Patentante von Hetty und Tessa war da. Ich hab mich gleich von meiner besten Seite gezeigt, sie konnte leider nur kurz bleiben. Schade, aber die Bonbons haben wir aufgefuttert. Nun ist der Papi 'ne Runde mit uns über den Segelflugplatz gegangen. Da finde ich das richtig, richtig gut. Serpentinen rauf und runter. Bremsen zurück Pesen und Vollgas voraus. Die Ruhe tat mir gut. Ich humpele kaum noch. Viel zu erzählen hab ich heute nicht bis die Tage euer Alf

07.7. Unsere Morgen war ganz entspannt. Keiner musste sich beeilen, also haben wir gemütlich Tass Kaff getrunken und unser Vorfrühstück genossen. Trotzdem sind wir 8.10 vom Hof marschiert. Muddi sagt, in der Ruhe liegt die Kraft. Nun denn, ich flitze ja lieber. Mein Bein wird immer besser. Auf dem Rückweg musste ich an die Leine. Hier ist mal wieder so ein Blindfisch durchs Gelände gerast. Zuhause mussten wir dann die Aufmerksamkeitsübung machen. Voll doof. Muddi hat Tessa noch den Bart geschnitten. Arme Tessa.

Ich hab euch noch gar nicht erzählt, dass mich der Beagle im Spiegel nicht mehr interessiert, oder? Nöö brauch den nicht mehr. Heute waren 2 nette fremde Frauen hier. Die haben mich gekuschelt. Eigentlich wollten die was von Muddi. Schwupps vergessen.
Am Nachmittag war wieder Bootcamp mit Papi. Die Muddi ist lieber auf dem Sofa geblieben. Und wir mussten wie die Elefanten Frühpatroulie vom Djungelbuch exerzieren Yes Sir, Colonel Papi? ....

08.7. Mittwoch und alles wie gewohnt. Ne, doch nicht. Ich gehe nicht mehr mit ins Wasserzimmer. Ich bleibe oben im Flur vor der Treppe liegen. Ey, an mir kommt keiner vorbei. Dann wie immer Kaffee & Co. Und humpeln kann ich wie Käpt'n Hook, leider vergesse ich das bisweilen ... doofer Beagle, ich! Die Runde war ganz prima entspannt. Onkel war auch mit. Die Muddi war so beschäftigt mit den Disteln knipsen, dabei hat sie mich vergessen. Das ist verboten!
Später war ich mit im Keller, Wäsche machen. Auf einmal wurde ich wimmerig und unruhig. Bin sogar in dieser Demutshaltung rumgekrochen und habe ein bisschen gepullert, da hat die Muddi mich schnell nach oben getragen.

Hmmmm Muddi sagt das sind ganz fiese Flashbacks, aber ich bin trotzdem traurig. Meine kleine Hundeseele hat viele Narben ... Muddi sagt, wir gucken nach vorne und nicht nach hinten. Sie ist sooo schlau. Knutscha für dich Muddi Bei der Nachmittagsrunde war ich wieder komplett ausgelassen und bin gebeagleflitzt wie verrückt. Kein Wunder, dass mein Bein immer wieder humpelt so ihr Lieben, das war's für heute. Gruß und Kuss euer Alf

09.7. OMG was für ein Morgen heute Morgen. Erst ist Tessa auf ihren High Heels immer vor Muddis Bett hin und her. Tippel tippel tippel, sie kann auch leise! Jedenfalls musste sie raus. Terrier Magen eben die Muddi hat sich auf dem Rückweg ins Bett einen Kaffee und mich geschnappt. Zack nochmal in die Kiste. Dann hat es natürlich auch noch geregnet, also draußen nicht drinnen. Aber nein, anziehen Vorfrühstück und los. Dabei hatten wir alles schon im Garten erledigt. Mal ehrlich, wer geht bei so einem Wetter spazieren? Wohnungshunde, aber nicht Haushunde. Begreift sie irgendwie nicht, die Muddi. Inzwischen liegen wir alle perfekt verteilt im Wohnzimmer rum. Als der Papi kam, hat er uns nochmal vor die Pforte gelockt. Zum Glück nicht sooo lange. Also fix nach Hause. Abrubbeln, Zahnputzer und einrollen. Was für ein ereignisloser Tag.

Freitag 10.7 heute ist wieder der Homofiss da. Hab ihn vom Gästebett aus beobachtet. Soll vorne anfangen ... dabei ist hier doch immer dasselbe los. Pullern, Kaffee, Vorfrühstück bla bla bla. Regen keine Lust. Und wir MUSSTEN los. Nach dem Frühstück, bin ich wie gesagt, auf Wachposten gegangen. Die Mädels haben es sich auf dem Bett gemütlich gemacht. Erst als der Homofiss weg war, sind wir alle runtergegangen. Eventuell was abstauben. Nachmittags wurde es doch noch trocken. Wir sind noch auf den Hundeplatz gefahren. Hat Spaß gemacht mit den Kumpels zu laufen und rumzubeaglen. Aber nach Hause kommen ist am allerbesten. Liebe Grüße euer Alf

11.7. Gestern sind wir spät schlafen gegangen, deshalb konnten wir heute länger liegen bleiben. Es schien sogar die Sonne. Hab ich gleich ausgenutzt. Nach unserem Dörrfleisch mit Kaffee haben wir die Runde vor dem ersten großen Schauer geschafft. Ich hab mal wieder laut gepöbelt, weil mein Essen noch nicht an meinem Platz stand. Die Muddi ist voll fies, wir müssen dann noch länger warten. Sie sagt, so ein Benehmen duldet sie nicht. Aber ich bin nur noch Haut und Knochen und leide. Futterspenden an Alf Beaglemann zu Hause! Stellt euch vor, wir werden heute abgeschoben, zu Tante und Onkel. Na, da werde ich schon Mitleid ernten. Der Papi ist mit uns fix nochmal zum Platz. Einmal auspowern, danach wurden wir bei Tante ausgesetzt. Mitten in der Nacht wurden wir abgeholt. Ich wollte gar nicht mehr los. Tante musste mich in die Wackelkiste tragen.

12.7. Sonntag musste Muddi erstmal ausschlafen. Trotzdem haben wir noch unsere Sonntagshunde getroffen. Danach haben wir den vierten Geburtstag von den Mädels gefeiert, als Bruder ist das cool. Da kriegt man was ab. Zum Glück ist das Wetter schön und wir können draußen feiern. Die Abendrunde war ganz schön. Gutes Wetter, wenig Menschen. Wir haben Pilze gefunden, aber ich weiß nicht wozu. Jetzt genießen wir noch die letzten Sonnenstrahlen im Garten. Das war's für heute. Dicken Drücker euer Alf

13.7. Montag ist immer unser Turbo Tag. Da muss alles fix gehen. Ist zwar nicht die feine englische Beagleart. Aber da muss ich durch. Wenigstens gibt es Dörrfleisch Vorfrühstück. Die Muddi will ja zur Arbeit. Heute war sie gar nicht lange weg. Da konnten wir das gute Wetter im Garten genießen. Nachmittags hab ich noch beim Rasenmähen geholfen. Das Rasenmonster ist ne Lachnummer, später sind wir noch zum Tobeplatz gefahren. Das war mal wieder schön. Jetzt wird es aber auch Zeit für meine Pille. Bis morgen euer Alf

14.7. Heute ging alles etwas gemächlicher los. Entspannt Kuscheln, Kaffee und mein sehnlich erwartetes Vorfrühstück. Erinnert ihr euch noch daran, dass ich nicht durch den kleinen Wald wollte. Sogar in einer Ikea-Tasche da durchgeschleppt wurde. Tja heute bin ich immer erster immer vorne weg! Jaa so verändert sich das Leben.
Apropos Ändern, ich darf niemanden anspringen. Besonders die Muddi nicht, wie soll die denn merken, dass und was, ich von ihr will, hää? Da hilft auch maulig im Körbchen liegen nicht. Stört sie aber nicht. Endlich Ruhe sagt sie, außerdem ist sie so stur wie 14 Beagle zusammen, oder so. Is nieselig heute. Vormittags war es noch schön. Nun ist drinnen bleib Wetter. Eigentlich! Aber wir mussten mit zum Platz .... wir sind ja nicht aus Zucker, obwohl ich das bei mir bezweifle... Zuckersüßen Feierabend euer pitschenasser, sich langsam auflösender, Showhumpler Alf

15.7. Mittwoch war hier nullkommanix los. Die Muddi musste nochmal arbeiten und zwar gaanz lange. Aber wiR haben Zuhause keinen Quatsch gemacht. Später ist der Papi dann mit uns zum Platz. Kumpels treffen.

16.7. Donnerstag ... was ist denn heute los. Schon wieder Homofiss. Ich bin aber liegen geblieben bis die Muddi aufgestanden ist. Dann haben wir schön gemeinsam Kaffee getrunken. Nach dem Vorfrühstück sind wir alle zusammen los. Heute ist die Brut- und Setzzeit rum. Hetty und Tessa mussten das gleich ausnutzen und ne Runde drehen, unterwegs haben wir dann die Morgenrunde getroffen. Fast alle sind schwarz-weiß, außer Raika und Pumba. Und die alte Wilma ist schon 16 Jahre alt, wie Frieda, die wohnt aber nicht hier, zwei Krückstockomas wir sind alle zusammen ein Stück gegangen. An der großen Pfütze haben wir uns wieder getroffen. Ich geh' aber nicht ins Wasser. Das ist ein unheim-Loch für mich. Wollte doch ganz am Anfang über eine Pfütze laufen und die hat mich gefressen. Plumps, ins Loch. Nööö, nicht mit mir! Uui heute musste ich die Muddi im Auge behalten, nicht, dass sie wieder weg verschwindet. Wir haben heute neue Hunde auf dem Platz kennengelernt. Tessa war hin und weg von den beiden Mädels. Naja, für mich alle ne Nummer zu groß oder zwei. Endlich wieder. Zuhause und mit dem Zahnputzer gemütlich auf dem Rasen liegen. Heute ist mein Lieblingswetter. Habt einen schönen Abend euer Alf

17.7. Freitaaag jippie alle zu Hause gemütlich aufgestanden und chillig unser Morgenritual abgespult. Danach sind wir alle als Rudel zusammen los. Am Ende bin ich wieder der einzige der gehorcht. An der Pfütze haben wir dann wieder die Morgenrunde getroffen. Hab wieder ordentlich Bonbons abgestaubt. Hetty und Tessa waren nass und dreckig, deshalb mussten sie draußen frühstücken. Ich hatte heute viel zu tun zwischen Homofiss, Rüsselmonster,

Wischmops und Kollegaas. Der nachmittags Spaziergang durch den Wald war gut. Nun schlafe ich in meinem Draußenkorb. Bis morgen und süße Träume.

18.7. Leute, ich wusste schon, warum ich um 4.00 Uhr unbedingt aufstehen wollte nicht nur ich, alle sollten aufstehen. Wollte aber keiner dann eben nicht! Als wir dann eeennndlich aufgestanden sind und startklar waren, war der Spaziergang voll gut. Als wir bei der Pfütze ankamen, hatte ich schon auch Durst, da war die Muddi so clever und Bonbons ins Wasser geworfen. Eigentlich dürfen wir vom Boden nichts nehmen. Aber Wasser ist kein Boden, oder? Naja war jedenfalls gar nicht schlimm, sondern toll. Wollte gar nicht mehr raus, Opa sagt, ich hab jetzt mein Hundeseepferdchen jaaa! Brauche noch ein Abzeichen fürs Geschirr oder Halsband. Keine Abendrunde dafür Hundeplatz. Leute, fünf Hundeweiber auf einem Haufen. Und so riesige, ne da bleibe ich lieber bei meinen Menschen liegen. War trotzdem gut. Hab einen kleinen kurzen Moment mit Ruby gespielt. Die Schwester heißt Paula, sind beide nett. Dicken Knutscha für euch, euer Bademeister Alf

19.7 Sonntags ist gut. Und sogar das Wetter also Aufstehen, Morgenritual und mit der Sonntagshunderunde treffen. Wir sind dann alle zusammen zur Pausenbank gegangen. Hetty und Tessa müssen ja immer alleine ihre Runden drehen. Die Muddi sagt, ich bin ein Alibihund mit drei Leinen. Auf dem Rückweg sind wir an zwei Pfützen vorbeigekommen. In die Erste gehe ich nicht. Vielleicht sind da Untiefen, Strudel oder Monster drin. In der anderen war ich. Layla ist wie ein weißer Blitz durchs Wasser und hat mich nass gespritzt. Und dann haben meine Kronjuwelen das kalte Wasser berührt, da hab ich geguckt wie Penny vorher, mit großen

Glotzaugen, den Rest des Tages haben wir entspannt hinter uns gebracht war ja viel warm. Abends gab es dann nur eine kleine Runde. Nachti euer Alf

20.7. Uuunnd schon wieder Montag. Früh aufstehen ... die Muddi muss zur Arbeit .....aber nur kurz... und geregnet hat es auch. Einer von uns hatte schon wieder Bauch und ganz fürchterlichen Durchfall zum Glück passierte es im Wasserzimmer auf den Fliesen. Muddi rät: Tessa oder Alf? Die Muddi hat das einfach weggemacht und nicht geschimpft. Ich bin extra mit hochgegangen, aber sie sagt, das ist ein guter Ort, wenn ich nicht anhalten kann. Nun scheint die Sonne und wir liegen draußen. Die Abendrunde hat der Papi wieder mit uns gemacht und prompt den großen Fuchs gesehen. Deshalb durfte Tessa nicht freilaufen. Der Papi sagt, wir müssen gut auf mich aufpassen. Sonst holt er mich, also der Fuchs. Ohjee, zum Glück bleibe ich immer bei.
Bis bald euer Alf

21.7. Dienstag, heute früh ist Onkel wiedergekommen. Der geht mit uns eine ordentliche Runde. Muddi musste ja wieder los. Tessa hat ja immer noch Durchfall und bekommt nur Morosche Suppe zu Essen, mittags ist Petra zum einhüten und rauslassen gekommen. Wir haben uns voll gefreut. Ich hab mich gleich über sie geworfen, weil sie hatte Bonbons dabei. Dann hab ich mich neben sie aufs Sofa geknallt und einen ab geschnarcht.
Als die Muddi kam, hatte sie gar keine Zeit. Tessa hat wieder ins Wasserzimmer gemacht. Aber das war auch das letzte Mal. Alles ist wieder gut. Dann kam der Opa, aber wir durften keine Leckereien haben. Plöde Tessa dafür hat Muddi wieder Kauzeug bestellt. "Sponsored by Opa" ob das

wohl schmeckt? Später waren wir auf dem Platz bei den Jungs nach Hause, Zahnputzer und Schicht im Schacht.

22.7. Wir haben um 8.00 an der Pforte auf Onkel gewartet. Natürlich erst nach dem Vorfrühstück! Der kam aber nicht, der soll immer Spätschicht haben, büdde! Na, dafür waren wir mit Muddi in der Heide spazieren. Da sind schöne beagleflitzige Sandwege. Da hab ich voll meinen Spaß und die Mädels viel zu schnüffeln.
Zum Glück ist Tessa wieder gesund.
Nachmittags waren wir wieder auf dem Platz. Ich saß, wie Christian so schön sagt, auf dem Reifen wie Majestix auf dem Schild in diesem Sinne, bis denne Prinz Alfix

23.7. Schon wieder der Homofiss bei uns. Ich geh gar nicht mehr mit nach oben. Heute nach dem Vorfrühstück war wieder mal ne Rudelrunde dran, mit doofer Aufmerksamkeitsübung. Da müssen wir still sitzenbleiben und doof glotzen. Was das wohl soll. Ich zappel trotzdem hin und her.
Heute kam mich mein Best-Postman besuchen. Pascha sagt er zu mir, stellt euch vor, es gibt Hunde, die nicht nett zu ihm sind. Wir ja!
Heute hat sich das in der Küche lungern wieder nicht gelohnt fällt nix runter ...
Abendrunde sind wir wieder alle zusammen. Tessa muss immer einmal ab düsen. Die Muddi ist dann immer saurig und alle anderen müssen das dann auch aushalten. Menno Tessa, mach das doch wie ich... nicht weiter als 20 Meter weg, lerne das Mal! Naja, sie ist schnell wieder da, wenigstens. Also Zahnputzer vom Papi und Ruhe is... euer Alf

Freitaaaag Ich bin genau vor 6 Monaten hier eingezogen. Kurz nach 11.00 Uhr. Direktlieferung vom Labor! Ich konnte und kannte gar nichts inzwischen bin ich ein selbstbewusster fröhlicher Hund geworden es ist ein großes Glück in einem Rudel zu leben. Und ich habe euch da draußen durch eure Anteilnahme an meinem Leben, helft ihr uns, das bewusst zu erleben. Tja, mein größter Fortschritt, in letzter Zeit, war ins Wasser zu gehen.
Heute Morgen gab es trotzdem nix extra. Nur normal Vorfrühstück und so. Wetter ist heute ja nicht so gut. Nützt ja nix...

24.7. Ibo hat heute das tolle Paket gebracht, da waren die „sponsored by Opa" Kauteile drin. Und was ich bekommen habe, war schon mal legger. Nachher treffen wir Ruby und Paula auf dem Platz. Machen wir wieder Party soooo genug für heute euer Alf.
So nun haben wir Überstunden auf dem Platz gemacht ... war aber schön mit den ganzen Mädels. Ruby und Paula waren so aufdringlich, da hab ich geknurrt. Haut ab ihr doofen Weibers! Jawohl das allererste Mal, ever!
So nun geht's nach Hause zum Zahnputzer und aufs Sofa Küsse euer Alf

Kapitel 2: Der Starke

25.7. Oh je, heute früh hatten wir gar keinen Bock aufzustehen. Wir waren noch ganz lange auf gestern. Nützt ja nix, die Muddi hat mir um 8.00 fix die Pille reingeschoben. Meine Zähne waren noch ganz müde ... ich wollte gar nicht. Am Ende hat der Käse doch gewonnen. Nach dem Morgenritual sind wir mal zum gelben Wasser gegangen. Von da gibt es prima Beaglesuchbilder. Tarnung kann ich! Hab sogar aus der Pfütze getrunken.
Die Abendrunde war zügig, weil es ja auch regnete. Die Nacht war ganz schlimm. Tessa und ich mussten im Wechsel raus, wieder Durchfall. Unsere Menschen sind ganz erschöpft, wir aber auch. Schlafgemangel, weißt du.

26.7. Zum Frühstück gab es nix leggeres. Die Muddi hat Naturreis mit Moroscher Suppe, geriebenen Apfel und Heilerde gekocht. Und Nux Vomika auch noch. Das ist doch keine artgerechte Ernährung! Guckt euch mal die Pampe an zum Glück ist der Regen vorbei und wir können draußen sein.
Nachmittags kamen Tante und Onkel, mit ohne alles. Nicht einen kleinen Minibonbon. Zusammen haben wir dann 'ne Runde gedreht. Wenigstens den Zahnputzer gab es, als wir wieder Zuhause waren. Jetzt müssen wir uns erholen denn Morgen muss die Muddi wieder Arbeiten ... so lasst den Sonntag hyggelig* ausklingen LG euer Alf
(* übe schon mal für den Urlaub)

27.7. Montag und Tessa hat immer noch Bauch arme Schwester. ABER wir gesunden kriegen auch nix zu naschen nicht fair! Die Muddi sagt, mit gefangen, mit gehangen was immer das auch bedeutet ... wir waren heute wieder mit Onkel los. Die Muddi hat sich auf der Arbeit beeilt. Naja nicht genug! Tessa hat den großen Korb vollgekotzt. Muddi sagt, macht nix, wir haben Woschmaschin!

Auf der Abendrunde waren wir wieder voll funktionstüchtig, alle Därme arbeiteten ohne Beanstandungen. Ich hab was Neues entdeckt, Rüssel zum Himmel und Witterung aufnehmen. Dann bin ich ganz ufjeregt. Dann weiß ich aber nicht, wie es weitergeht. Deshalb lauf ich schnell zur Muddi. Bonbon kassieren. Daaas kann ich, ab nach Hause und Feierabend. Knutscha euer Alf

28.7. Dienstag und alles ist wieder gut! Bauch hat fertig. Nun wird das Leben wieder legger. Heute haben wir auch unser Dörrfleisch bekommen. Aber, die Muddi musste ja in die Dörrfleischgelddruckfirma. Tja, da hat sie nicht mit meinem Einfallsreichtum gerechnet. Sie wurde von mir persönlich bebeaglehaart leider hatte sie noch anderes Fell im Schrank (da darf ich nicht rein) und dann ist sie doch gegangen. Als sie nach Hause kam haben wir Happy Dance gemacht uuuund ein Bonbon bekommen.
Die Muddi hatte ja ein vollgekotzes Hundebett gewoscht. Das Größte natürlich. Menno, bin ich froh, dass MEIN Bett jetzt wieder am Start ist. Habe ordentlich mitgeholfen. Gleich geht es zum nächsten Arbeitseinsatz. Mal sehen was ich da anrichten kann.

Das war vielleicht ne doofe Arbeit. Ich konnte nix helfen, aber mit Yambo, meinem Rhodesien Ridgeback Freund abhängen. Jetzt ist Schicht im Schacht für heute.
Bis übermorgen euer Alf

29.7. Wieder ein guter Morgen. Aufstehen Kaffee trinken, Dörrfleisch futtern. Kuscheln und knuddeln. Dann Onkel abfangen, wir sind dann gemeinsam spazieren gegangen. Unterwegs haben wir dann 2x das ungleiche weiße Hundeduo getroffen. Die Großen finden den Großen gut und ich den Lütten. Fix abgefrühstückt, denn Tessa musste zum Putzbüttel. Nun hat sie die Haare schön. Später haben wir auf den Papi gewartet. Als wir ihn entdeckt haben, war die Freude groß. Kleines Päuschen und dann ab zum Platz. Die wilden Hummeln treffen. Ab nach Hause, Zahnputzer und Feierabend

30.7 Homofisstag. Alles durchntüddel. Sonst stehen wir (fast immer) mit dem Papi auf, die Mädels gehen raus. (Ich nie ... alles ist noch müde.) Wenn er dann weg ist, können wir locker noch ein Stündchen schlafen, bis die Muddi aufsteht. Bei Homofiss ist alles anders. Jedenfalls steht die Muddi wie immer auf und unser Morgenritual startet. Heute sind wir mit dem Papi unterwegs gewesen, die Muddi war weg. Zum Frühstück war sie zum Glück wieder da.
Stellt euch mal vor heute kam ein Paket an MICH, ja genau, mein Name stand auf dem Paket. Von meinem Cousin Toni, mit fetten Zahnputzer-Zahnbürsten. Und noch was für Muddi. Decke glaub ich, da hat sie gleich einen Freudentanz gemacht. Familie ist doch was Feines.
Der kleine Menschenwelpe ist da und wir verkrümeln uns lieber. Sie begießt alles... uns auch, nicht schön ...

Die Abendrunde war auch okay. Ich glaube, der Menschenwelpe hat auch ein bisschen Beagleblut in sich, die rennt auch so gerne wie ich. Bin froh, wenn die wieder weg ist und ich der Wichtigste bin sodele, bis dann euer Alf

31.7. Schwuppdiewupp ist schon wieder **Freitag** und ich durfte wieder 15 Minuten mit ins Bett zur Muddi. Hetty war auch schon drin, is sooo gemeutlich. Nach dem Aufstehen fix die Pille rein und dann Kaffee & Co. Ach ja, die Muddi is ja bisschen doof. Hat ein Stückchen Dörrfleisch auf dem Tisch liegen lassen .....wer hat's gefunden? ....Alf die Supernase natürlich! Eigentlich darf ich nix vom Tisch holen, Muddi sagt, Test nicht bestanden. Ist nicht schlimm, weil ich ja ein Beagle bin!
Unterwegs bin ich wie ein Turbo Blitz durch die Gegend geflitzt. Dann haben wir einen Rehbock getroffen. Den hatten Wilmas Hundekumpel aufgescheucht. Da ist Tessa kurz in die Spur gegangen. Ich hab mir erstmal überall Bonbons abgeholt. Dann war da noch ne schöne große Blindschleiche. Zu guter Letzt haben wir noch Ben und Winston getroffen. Das weiße Duo.
Bis zum Abend war nichts los. Und da war auch nix los, wir sind zum Platz gefahren, aber mit sechs großen Hunden war mir, dass zu viel Action. Ich habe mich hinter Muddi ins hohe Gras gelegt. Wisst ihr, das war das erste Mal in meinem Leben, das ich im hohen, kühlen duftendem Gras lag.

01.8. heute Morgen ging es etwas fixer, denn heute haben wir einen Arbeitseinsatz, bei Penny. Also ist der Papi nach dem Morgenritual mit uns los. Und was passiert? Natürlich... .wir treffen auf Ute, mit ihrer gefährlichen Herde wilder Monster (Anm. Red. das sind Schnucken und Ziegen)

Ich auf den Haken kehrt und gib Schub Rakete ... nix wie
weg,... der Papi musste hinter her, Hetty und Tessa auch.
Am Ende landete ich an der Leine. Aaaber, beaglebockig
wie ich bin, keinen Millimeter von der Stelle bewegen!
Kurzentschlossen hat der Papi mich weggetragen. Ich
glaube, Ute hat mich ausgelacht.
Mittags sind wir dann zu Penny gefahren. War aber voll
plöde. Ich musste an die Schleppleine, wie die Großen. Echt
jetzt, nur, weil ich einmal den benachbarten Obsthof
inspiziert habe. Voll gemein. Aber nachdem das
Kettensägen Massaker feddich war, durfte ich wieder frei
sein. So Freunde das war für heute. Tschüss euer Alf

02.8. Boah, bin ich müde, das war ne Nacht. Tessa hat
gestern Pennys Futter verhaftet. Deshalb hat sie drei Mal
ins Haus gekotzt. Ich bin denn da auch noch durchspaziert,
denn wenn meine Menschen was machen, bin ich dabei.
Dann musste der Papi mich auch noch putzen. Die Muddi
ist dann früh aufgeblieben und wir sind zeitig im Wald
gewesen. Wir haben Berry und Brax getroffen. Uund es gab
nix Bonbons. Ich hatte ja gar nicht Bauch.
Wir Hunde verpennen jetzt den Tag.
Nachdem Onkel und Tante und der Regen weg waren, sind
wir noch mal zum Platz gefahren. Einmal Parcours und
weiter chillen. Das war's dann für heute. Dieses Mal musste
ich um 2:00 raus. Aber nur pullern. Ich bin sooo gut.

03.8. Obwohl Montag ist, geht es hier heute sutsche zu.
Ganz in Ruhe das Morgenritual genießen.
Die Runde war ganz prima und entspannt. Wir haben eine
Horde Stockenten getroffen... wirklich viele, bestimmt 20
Stück wat für ne Party für mich, hallo, ich bin Alf, wer bist

du denn? Tach auch. Moin usw. Aber eine Spinatwachtel hat die Muddi angepampt! Gibt's denn sowas? Naturschutz, gefährlicher Beagle ohne Leine! Sofort verhaften und wegsperren. Na, da hat die sich aber ein Eigentor geschossen! Da kam die Muddi aber aus dem Anzug." Wieso, trampeln sie denn, auf nicht ausgewiesen Wegen alles kaputt? Und ob sie denn nicht den Unterschied zwischen Landschaft und Naturschutzgebieten kennt", echt jetzt.

Nach dem Frühstück konnten wir schön überall rumhampeln. Wetter passte ja. Als das große Reh an unserer Gartenpforte vorbei galoppierte, war hier aber was los. Der Muddi sind fast die Augen rausgefallen. Stampede im Wald. Vorhin hat die Muddi Müll an die Straße gebracht. Wir haben sie soo vermisst und die Nachbarschaft zusammen gejault. Gleich geht's wieder zum Platz mit Arbeitseinsatz. Also erstmal Schluss für heute auf diesem Kanal. Knutscha euer Alf

04.8. Dienstags muss die Muddi los. Also nix relaxed und entspannt. Schnell durchkuscheln, Kaffee trinken und Dörrfleisch essen. Dann kam auch schon Onkel und los ging es. Schnell frühstückten und dann ist Onkel auch schon weg, ich persönlich finde das blöde. Die Mädels sagen, das muss so und pennen. Ich hab lieber in den Keller gekackt. Beleidigt bin ich trotzdem mit der Muddi. Pfff selber Schuld.

Kurz bevor wir zum Platz gefahren sind, ist was in den Kellertransportkorb gefallen. Leider hab ich nicht mitbekommen, dass die Muddi das schon selbst gefunden hatte. Zack den Rüssel in die Tasche und Holter die Polter krawumm...Tasche Treppe runter, ich nää, auch.. irgendwie, als die Muddi dann geflitzt kam, war ich schon wieder auf dem Weg nach oben wie eine Schildkröte. Kopf und rechtes Vorderbein waren durch den Henkel der Tasche ....

Muddi hat mich schnell befreit, damit kein Unglück geschieht.

Auf dem Platz waren dann die gleichen Chaoten wie ümmer Tobealarm.

Zuhause bin ich gleich nach dem Zähne putzen in meinem draußen Körbchen eingepennt. Bis Morgäähn euer Alf

05.8. Heute sind wir sehr früh aufgestanden, denn ich musste schon um 8.00 beim Blutabnehmen sein. Der Medikamentenspiegel und die Leberwerte müssen geprüft werden.

Die Muddi ist fast geplatzt vor Stolz, denn ich falle nicht mehr komplett in den Labormodus!

Ich bin ein freier Beagle, ich darf gehen!

Geh weg mit der Spritze.

Muddi hat mich bisschen gehalten und dann war gut. Die Doktarin fand das auch richtig, richtig gut von mir.

Zur Belohnung sind wir zum Platz gefahren, Parcours laufen. Dort hab ich Hermine kennengelernt. Die hat mitgemacht.

Zuhause war ich ganz allein mit Muddi spazieren, die Mädels hatte Onkel abgeholt. Die haben sich sogar gefreut, dass ich wieder da war.

Nun wechsel ich zwischen Sonne, Schatten und Küche noch ein bisschen mit auf der Hollywood-Schaukel schaukeln. Nach dem Motorgrräusch von Papis Auto lauschen und Ausschau halten. Da is er ja, juhuuu, heute wird es spät mit der Runde. Also Tschüss zusammen euer Alf

06.8. Guuuten morgen heute war zum Glück alles wie es sein muss. Aufstehen, die Muddi stalken. Kuscheln, Kaffee, Dörrfleisch. Gibt nicht viel, was besser ist. Dann aber fix los. Ist schon viel warm draußen. Aber wir können erst nach meiner Tablette los um 8.00 Uhr. Unterwegs vergessen wir das nur, also Muddi. Leider ist dieser 12/12 Rhythmus sehr wichtig.

Unterwegs hab ich wieder ganz doll auf der Erde geschnüffelt. Ganz versunken in diesen Geruch ich bin sogar einmal fast verlustig gegangen. Da musste die Muddi zurückgehen und mich abholen. Tja, läuft bei mir. Jedenfalls haben wir uns beeilt. Um 9.00 waren im Wald schon 23°. Tessa und ich bleiben lieber drinnen heute. Nach der Abendpille sind wir zum Platz gefahren. Da konnten alle wieder atmen. Und Muddi hat für alle Hunde ein Eis mitgebracht. Skyr Melone. Yambo und Hetty wollten mehr, gab's aber nicht. Dafür einen tollen Sonnenuntergang. Nun hängen wir noch auf der Terrasse ab. Sind noch 21°. Schläft schön euer Alf

07.8. Homofisstag und die Muddi geht Arbeiten. Pille und Vorfrühstück und Kaffee hat sie aber noch hinbekommen. Spazieren waren wir allein mit dem Papi. Gibt nix zu erzählen, sagt er. Macht nix. Ich mach dann eben Pause, bis die Muddi wieder da ist. Juhuu da is sie wieder. Knuddelzeit.

Übrigens, mein Blut ist gut. Leber- und Barbiturat Werte sind gut.

Heute ist was ganz Schlimmes passiert, meine Laborschwester Lucy musste operiert werde. Eine "Granne" hat sich in ihr rechtes Ohr gebohrt und das Trommelfell verletzt. Nun wird sie auf einem Ohr dauerhaft taub bleiben. Sie hatte furchtbare Panik, als sie in Narkose musste. Beim Aufwachen sind ihr die Tränen gelaufen und sie hat gewimmert. Aber ihr Muddi passt auf sie auf. Arme, arme Schwester, du musst keine Angst mehr haben.

Also immer in die Ohren gucken, wenn ihr in den Feldern ward.

Heute bekommen wir noch Besuch....da werde ich mir Streicheleinheiten für uns beide abholen.

So, einen schönen lauen Abend und eine gute Nacht.

Euer Alf

Sonnabend, 08.8. Morgenstund, so 'n Quatsch um 8.00 die Pille rein. Hallo ich war noch voll müde! Wir hatten nämlich gaaanz lange Besuch. Wir sind erst 1:30 ins Bett und um 4:00 musste ich nochmal raus. Warm war es da immer noch. Wir sind heute nur eine kleine Runde gegangen. Natürlich gab es vorher mein komplettes Verwöhn Programm. Nachher kommt Toni mein Cousin zu Besuch.

Tja, der Toni ich bin ja schon so 'n Macker ... aber Toni, ist der Mackeroni! Der kommt hier an, wird freundlich begrüßt, geht ins Haus uuuuunnnndd

Pinkelt an die Wohnzimmer Türzarge so ein Pischibruder! Da waren wir sprachlos. Die Muddi hat das weggemacht und mit so einem Spray besprüht. Igitt, eklig ... das kommt auch immer auf meine "Unfälle".

Der Rest des Tages war warm und entspannt.

Toni sollte auf meiner Wippe üben. Hihihi ich immer dazwischen und in der Mitte sitze geblieben.

1. Ist das meine Wippe und
2. Gibt es Bonbons da drauf, wenn man rüber geht sogar zwei. Er konnte das nicht.

Abends war hier in der Nähe ein Reggae Festival. Das haben wir überall gehört. Im Wald war das sehr irritierend für mich. Für die Mädels wohl auch, die haben die Düse gemacht...lange. Ende gut, alles gut, gute Nacht.

09.8. Sonntag... ausschlafen kuscheln ins Bett krabbeln ... wie herrlich.
Es ist schon voll warm. Wir haben Picknick gemacht im Garten. Dörrfleisch geht immer. Muddi sagt, Kaffee auch. Übrigens meiner Lucy geht es schon besser.
Nachmittags waren Onkel und Tante hier, mit einer großen Tasche voll Zahnputzer und anderer Leckereien. Wir durften nur gucken nichts fressen, Schade. Nachher fahren wir noch auf den Platz, sind verabredet, da guckt ihr schon Tatort also bis denne euer Alf

10.8. Paaah was für ein Blödmann Tag. Heute wurde mir tatsächlich ein gebrauchter Tag angedreht ....

Nachts musste ich nochmal raus. Ihr kennt das ja, man liegt kaum und merkt man muss, ...tja anhalten, Körper überlisten und weiterpennen. Ging nicht. Also rumfiepen und die Zombiemuddi zum Tür öffnen anfordern. Die Zauberlichter gingen draußen an. Konnte mir einen passenden Kackplatz suchen irgendwann kam die Muddi rausgewankt und hat mich beim Kacke fressen erwischt. Sie war stinksauer und wach. Ich wollte nicht hören, da hat sie mich am Kragen gekriegt und weggezogen. Ich hab geschrien und mich in Demutshaltung hingesetzt.

Konnte ihr auch ruhig leidtun, mir egal, jetzt bin ich saurig. Naja heute Morgen hab ich sie nicht oben abgeholt. Das hat sie jetzt davon. Bin auch kurz angebunden, soll sie ruhig merken. Das war nicht nett von ihr....

Dann musste ich meine Freundin und Steffi von retten. Ja, ich hab mein Taschengeld hergeben, um für sie der Prinz auf dem weißen Einhörnchen zu sein. Sie hat ihren Koffer am Bahnhof stehen lassen und hatte keine Fahrkarte mehr. Aber ich konnte sie retten für ihre nächste Mission.

Abends waren wir auf dem Platz. Danach haben meine Menschen noch vorne gewesen und in den Himmel Sterne geguckt (zwei Schnuppen erwischt).

Aber da hab ich kein Draußenkörbchen stehen. Also bin ich im Schlusssprung auf die Hollywood Schaukel rauf ... huiii war das ne wilde Fahrt und die Auflage wollte auch nicht so wie ich wollte, also zack wieder runter.

Musste ich armer, geschundener Beagle doch mit der Fußmatte in der Haustür vorliebnehmen.

Heute Nacht hab ich die Muddi nochmal getestet. Hat geklappt! Nun ist alles wieder gut. Knutscha euer Alf

11.8 Hab die Muddi oben abgeholt dann haben wir wie immer unseren Kaffee getrunken und ein großes Stück Dörrfleisch verhaftet.

Die Morgenrunde war prima. Muddi hat Schattenwege gefunden. Auf Onkel haben wir vergeblich gewartet. Aber wir kommen klar. Den Rest des Tages hab ich drinnen verbracht oder hab die Nachbarn gestalkt. Nachher geht es wieder zum Arbeiten auf den Platz. Zum Glück kommt Jutta auch, da können wir wieder Belagerung üben. So, vielleicht seht ihr heute ja auch Sternschnuppen, wünschen nicht vergessen euer Alf

12.8. Guten Morgen Sonnenschein. Es ist immer noch heiß. Das heißt, nicht rumtrödeln und schnell auf Drehzahl kommen. Sonst verbrutzeln wir.

Heute war sogar etwas Wind. Eigentlich war es sogar angenehm, nach dem Frühstück ist die Muddi dann wegverschwunden. Tja, ich wusste ja nicht, dass sie zum Bonbon Dealer fährt. Ich habe also ganz aus Versehen eine Karte vom Tisch geholt, und geschreddert. Könnte ich pfeifen, wäre das der Moment ... aber ich kann Fliegzeug, das hat so ein hohes Geräusch gemacht (durchstarten) wwwwwwwwwww hab ich in leise mitgemacht. Ja, das ist wegen meiner Fliegerohren!

Abends sind wir wieder mal gemeinsam spazieren gegangen. War noch fix warm. Aber schöööon. Bei uns zu Hause dreht Tessa immer durch. Die Eichhörnchen Horde tobt in einer Schule durch den Wald. Verstehe ich überhaupt nicht. Ich spektakel nur, wenn jemand den Weg hochkommt. Könnte ja für mich sein. Heute Abend darf ich endlich mal wieder Couchen. Wie bequem das doch ist.

13.8. Donnerstag und das Wetter ist heute gut auszuhalten. Der Papi macht Homofiss. Bin gleich ganz früh mit hochgegangen. Dann habe ich es hinter mir mit der Schufterei. Wir hatten unser Morgenritual und dann ist Onkel gekommen. Der brauchte uns mal wieder. Yummy die Muddi hat gedörrt. Die „Dörrte" hat nach 20 Stunden

350 g ausgespuckt. Haben schon welche bekommen. Und den Keller hab ich auch auf links gedreht. Hatte sich doch tatsächlich einer vor mir versteckt... GEFUNDEN und Legger. Am Wochenende zieht nebenan Fiete ein. Das ist ein 7-jähriger Laborbeagle aus Ungarn. Richtig übersetzt heißt sein Name "kleiner als klein" er ist nur 30 cm. Ob sein Käfig genau wie meiner war? Nur 1.50m x 2.50m Ob wir uns unterhalten können? Nachher geht es mit dem Papi zum Platz. Die Muddi hat nix Lust. Da müssen wir dann mal durch. Also, einen schönen Abend und bis bald euer Alf

14.8. An einem Freitag um 11.20 bin ich hier angekommen. Das ist schon gefühlt ein ganzes Leben her! Ich hatte einen kahlrasierten, dicken, aufgeblähten Bauch. Ein blauer Faden guckte noch aus der Naht. Unglaublich dass ich das mal, war. Gefangen in einem Kokon der Angst, Apathie und Freudlosigkeit.

Direktanlieferung ohne Resozialisierung
Wir mussten da durch ...

Ohne Hilfsangebote.
Heute bin ich, quickfidel, neugierig und selbstbewusst.
Mit Liebe, Zeit und Vertrauen kann man viele Wunden heilen oder wenigstens schließen.

Heute Nacht musste ich wieder raus. Immer 2 Stunden nach dem schlafen gehen. Irgendwer hat auch noch gekotzt ... nicht so viel in uns reinstopfen liebe Freunde ... auch nicht heimlich!!

Nun denn, am Morgen war alles gut, genau wie das Vorfrühstück. Auf der Runde haben wir Heike mit Raika, Pumba und Greta getroffen. Tessa findet Pumba toll und ich Raika. Danach durften die Großen einzeln ihre Runde drehen. Am Ende sind wir mit einem Schweinehund nach Hause gekommen. Das hat Muddi gesagt, nicht ich schwöa!

Hetty stank erbärmlich nach Wildschweinkacke. Sie wälzt sich gerne. Sie durfte nicht rein und Muddi hat sie draußen geschrubbt. Das fand sie voll fies. Ich hab lieber auch das Weite gesucht.

Ach ja, warum Tessa abends so viel kläfft, haben wir rausgekriegt, ein fetter Igel geht hier spazieren.

Es ist unerträglich draußen. Ich mag nur drinnen sein. Auf meine Kühlmatte will ich aber auch nicht.

Ich hab der Muddi heute beim Homofiss geholfen. Ihr wisst ja... das Buch ... hallo ich sitze hier lebendig vor ihr rum! Kümmerst dich gar nicht um mich.

Jetzt huste ich immer ab und zu ein bisschen rum. Schon is die Muddi zur Stelle. Hab wohl ne Beagleborste am Gaumen kleben.

Später sind wir noch auf dem Platz verabredet, wenn das mal nicht ins Wasser fällt. Es donnert immerzu. Ich glaube, ich hab heute Sabbelwasser getrunken, ich huste nicht mehr. Ich glaube, der Schafskäse hat geholfen. Überraschung bin heute schon da. LG euer Alf

15.8 Also ich weiß gar nicht, wo ich anfangen soll so ein Kuddelmuddel also gestern auf dem Platz war ordentlich was los. Ich war ordentlich aktiv. Dann habe ich noch eine läufige Hündin getroffen ich wusste gleich, was ich machen muss. Ich durfte aber nicht obwohl, sie wollte das schon! So eine Flauschige in Hettys Größe. Okay ... dann eben nicht. Gibt Wichtigeres in meinem Leben.

In der Nacht war mir voll warm und ich habe im Schlafzimmer quer auf dem Boden gelegen. Und NEIN ich musste nicht raus, ABER die Muddi. Und was macht sie? Trampelt voll auf mich drauf, nicht wirklich voll, aber der Schreck ... Ich hab geschrien, die Muddi hat geschrien und der Papi war dann auch wach, die Muddi hat mich schnell aufs Bett gelegt. Im Dunkeln, mit Augen zu, alles abgegrabbelt. Der Papi hat nur gefragt, warum ich misshandelt werde, zum Glück konnten wir alle weiterschlafen. Morgens lag dann Hetty auch noch bei der Muddi im Bett.

Wir haben ausgeschlafen und dann alles wie immer. Also Vorfrühstück, Runde, essen und pennen.

Nix Pennen, mein neuer Nachbar ist eingezogen. Fiete aus einem Tierversuchslabor in Ungarn. Und er ist doch so groß wie ich! Er ist 7 Jahre alt und nett, ich hab ihn gleich begrüßt und bin zu ihm rübergegangen. Empfangskomitee und Therapeut. Jaa, ich hab ihm gesagt, er braucht keine Angst zu haben. Seine Menschen sind lieb und haben Bonbons. Dann hab ich ihm gezeigt, wie man trinkt. Die Großen waren auch ganz nett zu ihm. Er schaut ein bisschen lädiert aus. Aber wer nicht, wenn er von da kommt, wo wir herkommen. Er muss jetzt ganz viel Neues lernen. aber er hat ja mich. Ich Chef du nix!

Die Muddi ist mit uns ne Schnüffelrunde gegangen. Danach sind wir zu Onkel und Tante gefahren, den Garten durcheinanderbringen.

16.8. Sonntagmorgens um 6.00 horcht, horcht, *Fiete von nebenan* kann bellen! Anders als ich, mehr wie Tessa. Die hat dann gleich mitgemacht. Alle wach *grinse breit*

Für die Pille musste die Muddi auch runter kommen wieder oben, ging das Telefon. Feddich mit schlafen...son Mist! Vorfrühstück und Kaffee ... viel Kaffee haben uns dann wieder versöhnt.

Unsere Runde war ganz gut, obwohl mir ganz schön die Zunge raushing. War froh, wieder auf den kühlen Fliesen zu liegen und alles voll zu sabbern. Nachher geht es noch mal mit Papi zum Platz damit die Großen sich austoben können morgen geht der Ernst des Lebens wieder los…Knuddeleuchalle euer Alf

17.8. Schon wieder **Montag**. Arme Muddi, heute musste ich um 5 Uhr am Morgen raus. Aber ich hab mich beeilt, nach dem Aufstehen musste wieder alles fix gehen. Muddi muss heute arbeiten…. ich finde das doof. Jedenfalls ist Onkel gekommen und wir sind mit ihm los.

Als wir mit Onkel fast zu Hause waren, hab ich die Schafe auf der Straße gesehen. Eins hat auch noch geblöckt. Ich hatte voll Panik. Also Hacken in Teer und nix wie weg. Meine Beaglebeine können superschnell rennen. Onkel und die beiden Großen hatten Mühe, mich einzuholen, so ungefähr 500 Meter ....

Als wir zurück waren, mussten wir alleine und drinnen bleiben. Als die Muddi wieder da war, hab ich sie erstmal durchgeknuddelt mit allem, was ich zu bieten habe. Nun verfolge ich sie auf Schritt und Tritt. Nicht das sie wieder plötzlich wegverschwindet.

Boah Alder, der Fiete war hier auf dem Hof, sich vorstellen iiich fand das ganz toll. Er auch. Gegen ihn bin ich der reinste Muskelprotz. Er Lauch, ich Popeye! Fiete durfte überall hin und hat sich ganz interessiert unser Grundstück angeguckt. Als er reingegangen ist, hat Tessa ihn rausgeworfen.

So geht das auch nicht, Tessa will nicht, dass hier noch jemand einzieht.

Platztruppe war auch gut. War viel mit den Großen unterwegs.

18.8. Die Nacht hatte ich wieder Durchfall und musste zwei Mal raus. Einmal hab ich es nicht mehr geschafft und der Papi musste nachts um 2.00 Uhr putzen, aber morgens war ich wieder fit. Der Spaziergang mit Muddi war schön. Keine Schafe unterwegs und gute Luft. Dann musste die Muddi zur Arbeit und das Schicksal nahm seinen Lauf ... Mir ging es gar nicht gut und niemand konnte mich raus lassen. Ich habe ins ganze Haus gemacht. Als die Muddi nach Hause kam, bin ich nicht mal runtergekommen. Die Muddi hat mich dann im Homofisszimmer auf dem Prinzesinnenbett gefunden. Und runtergetragen. Etwas später hatte ich dann einen schweren epileptischen Anfall. Nun bin ich fix und fertig, die Muddi auch. So hier ist Feierabend. Nix geht mehr.

Zum Glück haben wir Laborüberlebenden ein gutes Netzwerk. Die guten Doktas sind immer für uns da, die Muddi hat gesagt, die Sch..ß. verf..kten Tierversuchslabore haben schuld. Die müssen alle wech!

Macht euch keine Sorgen euer Alf

(8 Wochen ohne Anfall)

++EILMELDUNG++

Alf geht es wieder besser. Er frisst und rennt beim Schwesternalarm wieder raus zum Gucken.

Dokta André sagt, alles richtiggemacht.

19.8 Die Nacht war nicht wirklich gut, ich musste mehrfach raus und zwei Mal nicht geschafft. Ich bin echt schlapp und ziehe mich zurück, hab auch keinen Appetit. Naja, die Muddi hat mir Moppelkotze gekocht …. Wildreis püriert mit Babygläschen Karotte-Kartoffel-Huhn. Die Reispampe ist aber in der Überzahl. Ich hab's gegessen.

Spazieren wollte ich nicht. Muss ich auch nicht.

Die Muddi hat mit Dokta André telefoniert. Ich muss jetzt mehr Medozin nehmen. Und das war wirklich ein gaanz schwerer Anfall.

Ob ihr es glaubt oder nicht, ich kann die Nase rümpfen, hab wieder ne kleine Portion Moppelkotze bekommen …. und auch aufgefuttert.

Ich stalke wieder und guck, was an der Pforte los ist. Geht mir jetzt besser.

Auf dem Hundeplatz war ich ganz der Alte.

20.08. Die Nacht verlief ohne Zwischenfälle also Durchfälle und keiner musste raus. Heute früh war alles wieder gut. Puhhhh. Ich stalke die Muddi, freue mich über mein Vorfrühstück und begrüße Onkel wie irre.

Die Runde bin ich super mitgelaufen. Bin wieder fit wie ne ganze Beaglemeute. Hetty hat sich wieder mal in Wildschwein Kacke gewälzt.

Zum Frühstück gab es wieder Moppelkotze. Nützt nix, muss rin in die Lucke. Bäähh ...

Danach hat Muddi keine Zeit. Sie sagt, es sieht hier aus wie bei Hempels unterm Sofa, dann musste sie auch mit mir zum Homofiss. Mein erstes Buch ist fertig. Nun wird es einmal zur Probe gedruckt. Und dann ganz viele davon.

Später geht es für Bauarbeiten wieder auf den Platz. Vorher gibt es den Rest Moppelkotze. Also bis denne Freunde Knutscha euer Alf

21.8. Wir hatten eine schöne Nacht. Alle haben gut durchgeschlafen. Heute früh durfte ich noch eine Weckerklingelzeit mit ins Bett kuscheln. Danach entspannt aufgestanden unser Morgenritual erledigt und dann nahm das Chaos seinen Lauf ....

Die Großen sind freigelaufen und sofort ab ins Moor. Jagdruf inklusive. Die Muddi weiß, da kann sie nichts machen. Also sind wir weiter. Plötzlich kam von vorne der Teufel persönlich ich Aaaaarrr ich muss hier weg, sofort .... gesagt getan, andere Richtung eingeschlagen. Die Muddi kann sich ja nicht dreiteilen, also ist sie hinter mir her. Hab mich immer wieder umgeschaut, ob sie hinterherkommt. Puuhh, ich bin direkt nach Hause. Muddi auch. Mich zack reingebracht und dann war sie weg. Ich hab natürlich geheult, aber sie musste doch die Großen holen.

Der Teufel war Bonbon-Heike, mit Hut. (So sieht die Schäferin aus, also mit 'nem Hut, nicht wie Heike). Tessa kam dann schwarz und stinkend aus dem Moor und mit nach Hause. Hetty hat Abstand gehalten. Die ist nicht gekommen.

Ach du grüne Güte, ich bin durch diesen Zwischenfall sehr gestresst. Hab in den Keller gepinkelt ... mag meinen Bau nicht verlassen die Muddi kann keinen Schritt ohne mich machen. Wenn sie außer Sicht ist, brülle ich was die Stimmbänder hergeben. Brauchst dir keine Sorgen machen Muddi, solange du bei mir bist ist alles gut.

22.8. Samstag, nach der Pille noch mit Muddi und Papi im Bett kuscheln. Sooooo breit mach ich mich. Nach dem Aufstehen alles gemütlich angehen lassen und dann alle Mann los. Seit dem Anfall bin ich noch anhänglicher geworden. Die Muddi sagt, ich klebe an ihr wie ein Kaugummi im Haar! Heute war Gartenarbeit dran, fand ich blöde. Die fassen alle möglichen Sachen an, nur mich nicht. Auch nicht, wenn ich ihnen zwischen den Füßen rumlaufen.

Zum Glück regnet es jetzt und wir Couchen, habt ein schönes Wochenende LG euer Alf

23.8. Da ja Sonntag ist, sollte es ja gemütlich zu gehen, aber wir sind mit den Sonntagshunden verabredet. Muddi ist aufgestanden, ich auch, Muddi macht Kaffee, ich auch. Die Muddi ist im Wasserzimmer, ich nicht ...bin bei Papi am Bett! Na, beim Socken anziehen bin ich wieder behilflich.

Endlich gibt es Vorfrühstück und schwupp müssen wir los. Muddi sagt, ich bin der Heideprinz. Es sind sooo viiiele Leute im Gelände... alle wegen mir, hoffe ich, zu einigen meiner Bewunderer bin ich auch hin, Hallo sagen, hab bisschen Mecker gekriegt jetzt Ruhe ich mich erstmal aus.

Was soll ich sagen, meine Pause mache - wie immer im größten Korb!

Nachmittags sind wir mit Onkel und Tante eine schöne Nieselregenrunde unterwegs. Wir hatten fast den ganzen Wald für uns. Nun lungern wieder auf den bequemen Plätzen rum.

24.8. Montag, na toll und Regen. Der Papi macht Homofiss aber, wir machen Vorfrühstück zusammen. Dann zotteln wir mit Muddi los. Plötzlich sehe ich von vorne gefährliche Gestalten auf uns zu kommen. Ab durch die Böschung und zurück Richtung Heimat.

Muddi mit Hetty und Tessa am Band hinterher. Ruft immer **STOPP**. Ich halte kurz, dreh mich um und renn weiter die

Muddi auch. Irgendwann hat sie mich auch angeleint. Beaglebockig und breitbeinig die Beine in den Boden drücken. Inzwischen haben die Walker aufgeschlossen. Huucchh die kenne ich ja, nun muss ich an der Leine, in die Richtung da wo wir schon waren und dann durch die Heide, an der Leine. Und was rieche und sehe ich.... UTE und ihre gefährliche Monsterherde. Zum Glück sind die leise. Ich auch. Schnell vorbei und klitschnass geregnet nach Hause. Zu guter Letzt fährt auch noch ein riesengroßer Schaufelbagger auf dem Panzerring. Puhh überlebt, nun schnell abrubbeln lassen, rein und frühstücken.

Das Wetter lädt zum Schlafen ein. Heute besuch ich den Papi öfter. Er nimmt sich auch die Zeit zum Kuscheln. Das liebe ich sehr.

Es erreichte mich eine schlimme Nachricht.

DAS LPT TODESLABOR IN HAMBURG öffnet wieder seine *Tore.*
Es werden wieder Tiere gequält, misshandelt, ausgebeutet und getötet.
Bitte ihr müsst für uns kämpfen bitte.

Euer Alf

WIR KLAGEN AN

Im Namen aller Versuchstiere.

> WIR, das sind eine Handvoll Tierversuchslabor Überlebender.

> WIR, hatten das Glück, eine Familie zu finden.

> WIR, sind nicht gesund.

> WIR, sind ZWÖLF Beagle aus DEM Labor

> WIR, sind auch andere Laborbeagle.

Seht ihr einen Unterschied zu anderen Hunden?

NEIN!

Kapitel 3: Der Sandmann

25.8. Es ist **Dienstag** und wir brauchen uns nicht beeilen. Wir haben uns das schön gemütlich gemacht, denn draußen ist gar nicht schön. Nach dem Vorfrühstück haben wir mal ne andere Runde gedreht.

Ein Glück, die Schafe waren da, wo wir sonst langgehen. Muddi hat mit mir geübt schräg hinter ihr "sitz" zu machen. Damit ich weiß, sie beschützt mich. Menno, weiß ich doch wiesowieso und kann ich auch. Ich bin soo schlau. Jetzt gerade habe ich mir den neuen Tür Stopper Keil von der Haustür geholt. Heimlich. Ich kau darauf rum. Ist das spielen?

Abends waren wir auf dem Platz. Es hat geregnet ... nicht meins ... aber die Mädels hatten Spaß. Mein Kumpel, big man Yambo, war auch wieder am Start.

26.8. Wir haben gut geschlafen, der Regen hat getrommelt, herrlich und dann wird man tatsächlich aus dem Nest ins Unwetter gezerrt, echt jetzt, die Muddi sagt, bewegt euch, sonst bekommt ihr Thrombose! Papperlapapp aber vorher haben wir natürlich Kaffee getrunken, gekuschelt und sowas Wichtiges alles.

Onkel und Tante waren auch mit. Kleine Regenrunde. Die sind doch bekloppt, unterwegs haben wir noch eine ungeheuer große und laute Maschine getroffen. Aber die ist respektvoll stehen geblieben und war leise. Is ja auch mein Wald, schließlich bin ich der Heideprinz.

Wir konnten mutig dran vorbeigehen. Zuhause schnell futtern und einrollen. Raus will keiner von uns.

Wir faulenzen, was die Liegeflächen hergeben. Ich hatte nicht mal Lust, hinter der Muddi her zu stalken. Nun mussten wir mit dem Papi doch noch los.

Möchte auch nochmal im Namen aller Dankööö sagen, für die vielen Aufrufe. Die Muddi sagt, das wird helfen den Wahnsinn zu stoppen. Viele andere Labor Beagle haben uns im Facebook Post unterstützt. Auch dafür ein fettes High-five, euer Alf

27.8. Was ist denn das nun wieder ... da krabbeln Hetty und ich mit zu Muddi ins Bett und müssen sie erstmal zum quer liegen drängeln. Wenn der Prinz und die Lady ins Bett kommen, wird Platz gemacht! Als der Wecker das zweite Mal klingelte, war der Zauber vorbei. Raus aus den Federn!

Aufstehen nach dem Vorfrühstück ging es dann los. Wenn es regnet, duschen ja die Hasen, sagt die Muddi. Ich glaube, die waren noch nicht fertig, die Großen sind sehr aufmerksam mit ihrem Rüssel unterwegs.

Dann ist die Muddi auf die Idee gekommen ein Live Video zu machen. Kann sie zwar nicht, aber egal.

War ja nix los unterwegs. Zuhause angekommen gab es was zu futtern und dann ein Nickerchen.

Toll der Papi kam heute zeitig. Und wir sind alle zusammen mit der Wackelkiste unterwegs gewesen. Jaaa, heute musste die Muddi zum Dokta. Warum sind gute Doktas immer so weit weg? Später waren wir noch auf dem Platz. War gut, danach gab es nach viel Geschrei, ich wollte endlich meinen Zahnputzer. Nun ist Feierabend. See you morgen euer Alf

28.8. Uuuurllaaauuub .... auuusssschlaaafen.... denkste Puppe, heute um sieben hat Hetty gekotzt, also Gras und so 'n Zeug. Na, ich durfte dann wenigstens mit ins Bett krabbeln bis zum richtigen Aufstehen. Alder, echt jetzt. Wäre ich bloß liegen geblieben. Der Anfang war wie immer, Kaffee und Dörrfleisch Papi hat Brötchen geholt und wir haben dann noch Käse bekommen.

Wir fünf sind dann los. ABER die Muddi hat mir so ein plödes Geschirr angezogen. Testlauf für Dänemark, sagt sie. Ist gut am Strand und im Wasser, sagt sie.

Wo ist der Fehler?

Genau!

Wasser, igittigitt

Jedenfalls ist das ein secondhand (oder Pawn) Teil. Auch noch ein Mädchen Geschirr .... LILA

Das kann doch nicht ihr Ernst sein.

Naja, zum Glück haben wir keinen getroffen und ich konnte fix nach Hause.

Zu Hause hab ich die Muddi mit meinen großen braunen Kulleraugen angeschaut und sie auf eine Idee gebracht. Wenn schon so einen plöden Badeanzug, dann einen schönen einen für Männers!

Klück gehabt, ...bekomme einen schönen Neuen.

Später treffen wir noch meine Kumpels. Also bis bald und ein schönes Wochenende. Knutscha euer Alf

29.8. es ist Samstag, wir fahren unseren Cousin Toni, besuchen. Nach dem Aufstehen ohne alles, also nur Vorfrühstück, ist der Papi mit uns losgezottelt. Die Muddi hat unsere Habseligkeiten gepackt. Näpfe, Futter, Leinen, Bonbons Zahnputzer, Dörrfleisch.

Fix gefrühstückt und nun sitzen wir in der Wackelkiste Richtung Wolfsburg ...

Als wir da waren, haben sich alle gefreut. Wir sind mit Toni durch den Garten getobt. Später kamen noch ganz viele Menschen und noch zwei Hunde. Scotty und Sammy, der Papi sagt, das ist Familie. Ohaa, so viel los hier. Hetty will ja nicht, dass jemand der Muddi zu nahekommt. Als Scotty das sich doch gewagt hat, hat die olle Schnappschildkröte zugeschlagen. Scotty hat nun einen Ratscher, er ist viel größer und viel lieber als Hetty. Irgendwann dachte ich, es geht endlich nach Hause, nee, Fehldeutung, mussten wir hier tatsächlich übernachten, ohne Körbchen!

Bin nachts durch das Haus getrappelt. Trappel trappel. Tonis Mama dachte Godzilla stampft durch ihr Haus. Toni hat unten gejammert, weil er sich die Treppen nicht hoch wagt.

30.8. Hihihi dafür haben wir schon gaannz früh morgens Unruhe gemach. Die Muddi hat sowieso mit einem Ohr unten bei uns geschlafen. Sie hat uns dann rausgelassen. Ist schon komisch nicht zu Hause zu sein.

Muddi sagt, Training für Dänemark bis zur Pille war es noch ein Stück hin.

Irgendwann in einem unbeobachteten Moment hab ich dann nochmal ordentlich in den Keller gekackt.

So, damit wir uns quitt sind, Toni und ich.

Nach einer ordentlichen Runde und meinem Frühstück, bin ich über das Sofa auf den Stubentisch geklettert. Da hat der Onkel Käsehäppchen mit Weintrauben stehen lassen. Hab alles aufgefressen, bis auf die Weintrauben Piker. Ach ja, hab das Cola Glas noch geschrottet. Klllirrrr, bin aufgeflogen.

Muddi meinte, wir gehen dann mal lieber.

Hetty war die erste in der Wackelkiste ... schöne monotone Geräusche. Da schlafen wir prima. Nun besuchen wir noch Onkel und Tante. Tass Kaff, und dann ist hoffentlich mal Ruhe im Karton.

Nun liegen wir alle glücklich und zufrieden in unserem Schönen für immer Körbchen. Euch einen schönen Restsonntag. LG euer Alf

31.8. Das war eine wunderschöne Nacht heute Nacht. Ich habe mich in mein Körbchen gekuschelt. Also das im Schlafzimmer und habe schön tief und fest geschnarcht. Muddi hat fix die Pille rein und weitergeratzt. Echt zuhause ist es doch am schönsten. Heute war dann unser

Morgenritual wieder gechillt. Weißt du, wir haben nämlich Urlaub. Da darf man bummeln.

Kaum ist man 2 Tage weg, rasieren sie die Panzerstraße. Hmm, aber riecht noch, wie es soll. Unterwegs haben wir Lilly und Lola getroffen. Endlich mal zwei bekannte Schnauzen.

Cool heute kann ich mir aussuchen wen ich stalke, auf dem Platz war es ganz gut. Auch bisschen lahm-weilig. Zuhause gab es dann meinen allerliebsten leckersten und besten Zahnputzer. Bisschen vorschlafen und dann ins Nest. euer Alf

01.9. Uui heute durfte ich nach der Pille noch ein Stündchen mit ins Bett. Schön ankuscheln. Nach dem Morgenritual sind wir mit dem Papi los. Hab heute mit Hetty eine Runde auf der Hasenwiese gedreht. Sonst renn ich ihr ja nicht hinterher. Muddi hat schon mit unserem Frühstück gewartet. Später habe ich mit Tessa zusammen ein Verdauungsschläfchen gehalten. Muddi hat mir erzählt, wir machen noch einen Familienausflug zum Tierarzt. Aber nicht wegen mir. Die Großen müssen geimpft werden.

Wir waren bei Fietes Doktarine. Die kennt meinen Dokta André. Wir haben sogar eine kleine Hundemassage bekommen. Voll cool. Muddi sagt, Daumen hoch. Sie fand mich auch ganz toll.

War mit meinem neuen Taucheranzug auf dem Platz. Fanden alle schick. Bin schon ein echter Hingucker. Hab schön mit Muddi meinen Parcours gemacht. Dann hab ich noch ein Geheimnis. Darf ich erst morgen verraten .... also bis denne euer Dressman Alf (Muddi sagt, das muss Fressman heißen).

02.9. Oha heute Mittwoch war Kuddelmuddel. Im Bett die Tablette nehmen. Mit Muddi aufstehen. Da Papi kam fix hinterher. Vorfrühstück und zack los.

War entspannt im Wald. Tessa ist elegant durch die Heide gesprungen. Der Minibauerhof war leergefegt. Nur paar Hühner da. Komisch warum wohl?

Papi hatte Termin, also Haken in Teer!

Ich glaube, er ist geflohen, denn hier raste das Rüsselmonster und der Wischmops durchs Haus. Unsere Reisedecken wurden aus der Wackelkiste direkt in die Woschmaschin gestopft. ... Leute hier herrscht das Chaos. Alles wegen diesem Urlaub, der soll mich mal nicht nerven. Zwischen drin musste die Muddi nach'n Homofiss hin. Irgendwas mit dem Buch.

Nachmittags waren wir dann mit den Platzkumpels in der Heide spazieren. Zum Glück kenn ich mich aus und mach ich mein Ding in meinem Gelände bis morgen

03.9. Guten Donnerstag zusammen. Bin heute früh ans Bett gelatscht, Schnabel auf, Pille rein, zurück ins Nest und noch etwas geschlafen.
Also ich hab ne innere Uhr.
Aufstehen, gemütlich Vorfrühstücken und dann los. Heute war der Papi wieder mit uns los. Muddi hat bisschen

Homofiss gemacht. Dafür war unser Frühstück fertig, als wir wieder zurück waren.

Hier ist es irgendwie komisch. Die Muddi sagt, das heißt Urlaubsvorbereitung. Das ist voll ungemütlich ihr lieben, menno, ob das wohl Spaß macht, dieses Urlaubsding?
Jetzt hat es auch noch angefangen zu regnen, da geh ich nicht raus. Nöö nööö.
Der Papi fährt noch zum Platz mit uns und dann ist Feierabend für heute.
Bis bald euer Alf

Freitag 04.9. Na toll, erst ist alles wie es muss und dann geht das schon wieder los...

Urlaubsvorbereitung. Meine Menschen flitzen durch den Bau, als ob die Laborteufel hinter ihnen her sind, unser Hab und Gut wird in die Wackelkiste gestopft. Zum Glück nix auf unserer Fläche.

Als mir das zu bunt wurde, bin ich einfach abgedüst. Die Straße runter, Richtung Kieskuhle. Ich falle ja auf, der Papi hat mich schnell wiedergefunden und war froh, mich wieder zu haben. So, nun wurden wir auch in die Wackelkiste verfrachtet und rütteln jetzt so vor uns hin. Ich schlafe dann eben. Im Geschirr und festgekettet.

Das Auto ist so voll, aber ich kann meine Familie noch riechen und hören.

Eine Pause haben wir gemacht. Etwas die Beine vertreten und pullern. Dann ging es weiter. Nun wird es schon dunkel und wir sind noch nicht da. Also Urlaub nervt. Aber wir verhalten uns vorbildlich. Hetty sagt, Hauptsache wir dürfen mit. Onkel und Tante machen auch mit bei diesem Abenteuer, in ihrer eigenen Wackelkiste.

Samstag 05.9. Wir sind immer noch hier. Aber heute ist prima, obwohl morgens hat es geregnet. Wir haben prima unser Vorfrühstück gehabt. Danach, war ich da, wo ich gestern schon im Dunkeln war nochmal. Aber eben am Tag, also, spazieren.. Dieses Dänisch macht mich ganz tüddelig. Nach dem köstlichen Essen, konnten wir etwas Nickern. Leute die Nacht war kurz!

Und schon ging es los zum Strand. Uuuuhhh das ist laut da. Schon vom Weiten. Und die Luft riecht so neu und anders.

Aber als ich diesen weichen, weißen, Zuckersand gesehen habe, war es um mich geschehen. Sogar das Wasser ist okay, also ohne anfassen.

Muss gestehen Urlaub ist nicht soo schlimm.

Hundekumpeltreffen ist aber nicht, sagt die Muddi. Aber Strand ...

Sehr cool. Nachmittags sind wir nochmal an den Strand gegangen. Ich bin gebeagleflitzt wie verrückt. Voller Glück, purer Lebensfreude. Einfach unbeschwert. So eine Freude. Urlaub ist wundervoll. Nun bin ich und die Mädels endfertig und pennen. Strand ist toll euer Alf

Sonntag 06.9. ich habe mich heute Nacht aufgeteilt. Gegen morgen bin ich zu Tante und Onkel ins Bett gekrabbelt. Der Papi musste mir meine Pille hinterher bringen, als ich die Muddi gehört habe, bin ich auch lieber aufgestanden. Dann gibt es schließlich bald Vorfrühstück. Dann sind wir sieben

um die Häuser gezogen. Ich freue mich schon auf das Dünen -Beagleflitzen heute Nachmittag. Da soll es trocken bleiben.
Ich bin so viel Strandgebeagleflitzt, dass ich an Ende des Strandbesuches fix und alle war.

Bin sogar so kaputt, dass ich niemanden stalke und auf meinem Platz schlafe.

Also Urlaub bedeutet sehr viel Zeit in der Wackelkiste und anstrengende Spaziergänge. Ich bin aber voller Freude und Energie. Ich lebe und liebe mein Leben Küssi Alf

Montag 07.9. Nun ist die Luftveränderung bei uns Hunden angekommen, wir sind kaaappuuut. Hatten keine Lust, spazieren zu gehen. Nun liegen wir alle bei bestem Sonnenschein im Garten.

Apropos Garten. Nebenan wohnen Leute aus "BO". Steht so auf deren Wackelkiste. Ich wollte mal fix "god dag" sagen, nachdem ich unseren zerfetzen Müll begutachtet habe. Jedenfalls hat der mich durch das Fenster angeschrienen. Ich soll abhauen. So wie die bösen im Labor, wenn ich nicht so wollte wie die. Gar nicht nett!
Ich habe voll Angst bekommen, aber Tante hat mich gerettet.

Nachmittags waren wir nochmal 2 Ausgänge am Strand. Reicht uns auch. Der Wind tut uns weh.

Dienstag 08.9. Die Nacht war gut. Wir schlafen auf den Sofas. Von da ist der Weg auf den Tisch auch nicht so weit. Und nachts sieht das keiner ...

Morgens regnet es hier immer. Jetzt scheint wieder die Sonne ganz warm auf meinen Pelz. Hunger und müde das ist Urlaub.

Stellt euch mal vor hier im Urlaub gibt es sogar auch ein Rüsselmonster. Aber das durfte nur kurz raus. Hutschifutschi eben. Nu is Ruhe. Später gehen wir noch ans Meer. Hören können wir es sogar hier.

Strand war gut. Ich hab mein Seepferdchen geschafft. Tadaaa ich war bis zum Bauch im Wasser. Uuuiiii kalt an den Klöten. Schnell wieder raus. Und nach Hause zum Zahnputzer. Bis denne macht es euch hyggelig euer Alf

Mittwoch 09.9., heute haben wir alle lange geschlafen. Papi sagt, ich habe Star-Alüsen, weil ich mit offenem Schnabel, auf dem großen Sofa, auf meine Pille gewartet habe. Danach bin ich zu Tante ins Bett geklettert. Die will wiederum der Presse stecken, dass sie mit dem Protagonisten eines Weltbestsellers eine Nacht verbracht hat.

Keine Lust zum Aufstehen. Regnet noch ...

Hier klärt es sich ab mittags immer auf. Trotzdem musste ich einen Ausflug in die Stadt machen. An der Leine durch Menschen und Hunde. Hat uns nicht gefallen. Ging dann auch fix. Zur Belohnung haben wir noch was vom Maxi Zoo bekommen das ist dänischer Fressnapf. Am Strand waren wir nicht. War zu windig. Heute war ein Riesen

Regenbogen zu sehen. So Zahnputzer verhaftet und Feierabend euer Alf

Donnerstag 10.9. heute Nacht war es sehr stürmisch. Die Muddi hatte doll Knochen. Deshalb sind wir früh mit Muddi aufgestanden und unsere Runde gegangen.

Den Tag haben wir vergammelt. Nachmittags waren wir noch am Meer. Strandbeaglestrandflitzen, juhuuuuuu.

Freitag 11.9. und das Wetter lässt zu wünschen übrig. Heute waren wir an einem anderen Strand. Der heißt Fiete-Sande, cool, wa? Hetty hatte null Bock da zu laufen. Später zu Hause wurde es dann unruhig. Alles wurde in die Wackelkiste gestopft. Hetty hatte Angst vergessen zu werden. Nun geht's endlich nach Hause.

Juhuuu wir sind wieder daaaa. In unserem für immer Körbchen

Als wir aus der Wackelkiste raus waren, sind wir erstmal durch den Garten geflitzt ohne Band dran, dann war hier Unruhe. Alles was letzte Woche rausgeschleppt wurde, musste wieder rein, nach der Tortur haben wir uns unser Körbchen echt verdient.

Samstag 12.9. Wir haben ausgeschlafen. Gemütlich unsere Morgenroutine erledigt. Kaffee und Dörrfleisch danach mit Papi in den Wald. Das war richtig schön. Uunnseerr Waalld, Muddi war nicht mit. Die musste Wäsche machen.

Nachmittags kamen dann meine Bücher an. Große Aufregung und Ibo mein Best-Postman war der Erste, der seins zum Signieren hinhielt. Ich bin ein Star, ich bleib zu Haus!

Später waren wir auf dem Platz zum Austoben. Das war mal wieder nötig.

Sodele das war's dann fürs Erste

Dicken Knutscha euer Alf

15.9. Guten Morgen ach war das schön, ich habe die ganze Nacht zwischen Muddi und Papi geschlafen, aber das hatte ich auch mal wieder nötig. Außerdem hat Muddi mir das am Anfang versprochen, wenn ich Bescheid sage, darf ich mit ins Bett. Heute gehen wir wieder mit dem Papi spazieren. Muddi geht Dörrfleisch verdienen. Dabei verdiene ich es jetzt schließlich selber, als gefragter Schriftsteller mit Ghostwriterin.
Als meine Muddi nach Hause kam, bin ich fast durchgedreht vor Freude. Ich will sie immer in meiner Nähe wissen. Auf dem Platz war viel los, aber meine Muddi und ich machen unser Ding, meinem Best Friend Yambo war das auch zu viel Trubel.

16.9. Geschlafen haben wir alle gut. Muddis Knie wird besser, noch geht der Papi morgens alleine mit uns. Heute kommt wieder jemand Bücher abholen. Das wird wieder ein Fest für mich. Erzähl ich später.
Und das war ein Fest, Gitta und Ronny waren hier. Mit Geschenken, viiieeelleenn Geschenken. Stellt euch vor, Dörrfleisch, dünne Hundewurst und mich den Star in riesengroß. Die Muddi war ganz gerührt. Gitta eben die

fanden das auch schön bei uns, trotzdem sind wir mit dem Papi abgehauen. Als wir zurückgekommen sind, waren sie weg. Nun liege ich im Körbchen und relaxe. LG euer Alf Die Muddi möchte sich herzlich bedanken viele bezahlen mehr als die Bücher kosten. Dankeschön

17.9. Huhuuuu kaum kommt die wieder mit in den Wald, sind wir schon im Abenteuer Modus.
Also von vorne. Pille, Moment mit ins Bett. Aufstehen. Im Wasserzimmer den Weg versperren. Runter, Pipi, Kuscheln Dörrfleisch und Kaffee.
So nu kann ich weitererzählen.
Aaalllsoo wir sind alle angeschnallt, außer ich natürlich. Wir gehen durch unsere Waldpforte (mache kennen die ja in echt) biegen umme Egge und da glotzen uns zwei Rehe an und fünf glotzen zurück. Keiner rührt sich ....
Hoppidigalopi waren sie wweecchh.
Tja, wir unsere Runde gelaufen da kommt uns doch eine laute Horde Heideterroristen entgegen. Mit Hund! Na wir schnell anders gegangen. Da kürzen die doch ab und sind hinter uns, da dachte ich mir, okay, dann sag ich eben Hallo. Hab ich von Muddi aber Mecker gekriegt. Ich wollte nicht hören.
So, nachher kommen Piri und Eddy mit Tante Maja. Noch mehr Geschenke.
Wir hatten einen schönen Nachmittag und ich war der Chef von Eddy und Piri. Ich hab denen mal gezeigt, wie das hier im Wald geht. Die kleine weiße Piri hat sich auf einer totgemachten Bildschleiche gewälzt. Warum machen Menschen die Blindschleichen tot?
Das ist nicht nett bis morgen euer Alf

Freitag 18.9 Naja, ich hatte so viel Leckeres, dass ich nachts wieder raus musste.
Die Morgenrunde war okay. Wir haben Lilly und Lola getroffen. Da freut sich die Muddi immer. Heute bleibe ich draußen, ist Rüsselmonster und Wischmopstag
Mannomann wir hatten noch Abenteuer. Das Rasenmonster war auch unterwegs. Fiete auch aber der war nur bei den Nachbarn .... Nachmittags haben Onkel und meine Bettgenossin mich abgeholt zum Waldspaziergang. War Mal was Anderes. Sodele das war's für heute. Knutscha euer Alf und danke für die lieben Worte zum Buch.

19.9. Heute ist Sonnabend und ich latsch schon selbst zum Papi um mir meine Pille abzuholen. Zack noch mal ins Bett gekrabbelt zum Kuscheln. Wir, also Hetty und ich, sind dann mit der Muddi aufgestanden. Kaffee trinken, Dörrfleisch futtern, strullern und chillen. Die Muddi hat ein Video gemacht, das heißt "Faule Hunde" später sind wir dann alle zusammen eine schöne große Runde gegangen. Überall Sammler ... und dann noch die verflixte Schafherde, der Papi hat mich an Hetty gekoppelt und ich bin schnurstracks dran vorbei. Naja waren auch ca. 50m Abstand. Trotzdem ich bin der Größte.
Ich bin ja wie ein Gänseküken und kleb an der Muddi, also bin ich mit zu Besuch bei Petra gewesen. Sehr interessant. Hab alles inspiriert und... ins Wohnzimmer gepinkelt bin nicht erwischt worden. Aber die Pfütze wurde erst später entdeckt.
Sonst war nichts los heute. Auch mal schön.
Hab ich euch eigentlich schon erzählt, dass ich jeden Abend vorm zu Bett gehen, rausgetragen werden muss. Jaaa, der Papi nimmt mich auf den Arm, kippt mich auf dem Rasen

ab und flitzt fix rein. Zack Tür zu. Dann geh ich eben pullern.
Freiwillig nicht. Sonst aber spätestens zwischen 2.00 und 3.00 Uhr

20.9. Sonntag. Heute nach dem kuscheln, aufstehen und so, haben wir schon unser Essen bekommen. Ich meinen Baywatchanzug an. Heißt wir machen Ausflug. Wir sind zu Penny gefahren. Nachn alten Land hin. Bisschen durch die Apfelplantagen stromern. Penny kennt sich aus!
Aber nur am Tüddelband laufen ist voll öde.
Die Mädels waren baden, ich hab nur am "Beckenrand" gestanden.
Danach waren wir bei Penny zuhause. igitt die hat mich abgeleckt. Ich hatte voll Spucke auf dem Kopf, bin fix zur Muddi gerannt. Später mit der Wackelkiste Richtung Heimat. Onkel und Tante holen. Muddi muss die Männers scheren.
Übrigens ihr dürft gerne bei Amazon eine Rezension für das Buch schreiben.
Abendrunde drehen wir erst später. Also bin ich feddich für heute. LG euer Alf

21.9. Schade der Urlaub fertig. Nun muss alles wieder geordnet zu gehen. Als der Papi im Dunkeln aufgestanden ist, habe ich mich lieber schlafend gestellt, wie die Muddi. Irgendwann mussten wir aber aufstehen. Ich hatte aber keine Lust. Naja am Ende bin ich doch aufgestanden. Kuscheln, Kaffee, Dörrfleisch, pinkeln! Das ist die richtige Reihenfolge. Kaum fertig, kamen Onkel und Tante zur großen Runde. Muddi musste arbeiten. Als sie wieder nach Hause kam, haben wir gepennt.

Wir können jetzt schön draußen sein. Wir haben unsere harten Kauteile im Garten. Die schlepp ich immer hin und her zu dran nagen. Außerdem muss ich immer gucken, was Hetty-Konfetti so macht. Sie ist voll mein Vorbild.

Auf dem Platz hat es Spaß gemacht. Heute waren 9 Hunde da. Lotta fand ich gut.

Hab ihr erstmal vorgeführt was ich alles kann. Den Parcours absolvieren und zur Belohnung Bonsche abstauben. Sie war ziemlich beeindruckt. Tessa hat heute sogar mal gespielt. Da hat die Muddi sich gefreut. Zuhause musste ich tatsächlich im Körbchen auf meinen Zahnputzer warten. Der Papi ist aber auch streng. Nun chillen wir alle. Ich im großen Körbchen. Schlaft gut euer Alf

Reifen kann ich richtig gut.

22.9. Dienstag und ich bin noch so müde. Bleibe einfach noch liegen. Gäähhnn
Könnte nicht immer Urlaub sein?
Na alles husch husch mache. Zum Glück waren Onkel und Tante zum Spaziergang hier, danach waren wir wieder mächtig kaputt. Als die Muddi endlich kam, haben wir erstmal "Happy Dance" gemacht. Und ich trainiere ordentlich meine Stimme. Manchmal kommt schon was bellähnliches raus nicht nur ne rostige Schraube. Hab gestern und heute auch nicht ins Haus gemacht, obwohl die Muddi weg war. Nun liege ich an der Pforte und warte auf den Papi. Juhuuu da is er. Erstmal kuscheln.
Echt, ich bin ein voll integriertes Rudelmitglied, auch auf dem Hundeplatz. Nicht mehr Mr. Nobody
Parcours laufen auf dem Platz und viel Spaß.

Endlich zu Hause. Mein Zahnputzer, mein Zahnputzer ich WILL meinen Zahnputzer. Aber ich warte im Körbchen. Ich bin so cool bis denne euer Alf

Kapitel 4: Der Herbstprinz

23.9. Mittwoch und wir haben bisschen mehr Zeit.
Acht Minuten Weckerzeit, ab ins Bett und Wärme und Geborgenheit spüren. Muddi steht auf und ich bleibe liegen. Ich weiß ja, dass sie im Wasserzimmer lieber alleine ist.
Heute zum Beispiel war eine Gruppe mit Hunden unterwegs. Wir haben gewartet und Abstand gehalten. Die Großen waren ja angeleint, die anderen frei. Da kommt ein Appenzeller auf uns zu und geht zu Hetty und Tessa hin. Die finden das doof. Muddi sagt dann: An der Leine wird nicht gespielt, da sagt das Frauchen, na meiner ist ja nicht an der Leine ja, nee is klar. Die hat ja auch nur einen Hund nicht drei. Danach war alles gut. Ich muss jetzt „Fuß" gehen üben. Das ist seeehr anstrengend. Ich geb mein Bestes.
Nach dem Frühstück konnten wir wieder schön draußen chillen. Gab sogar noch was zum Kauen. Legger.
Aber nur, weil das Rüsselmonster sich austoben wollte. Langsam wir es mein Kumpel. Vielleicht klappt mal ein Schnappschuss in freier Wildbahn. Normalerweise ist es eingesperrt.
Ich hab doch immer meine rechte Pfote zum Arbeiten hingehalten. Mit wurden oft schmerzende Nadeln in mein Bein gestochen. Lange war da kein Fell und die Vene ist gnubbelig. Manchmal vergesse ich es noch. ABER wir machen jetzt „high five" mit links.

Danach dann runter uuunndd kuscheln. Kaffee, Dörrfleisch und pullern gehen. Onkel und Tante waren wieder hier und wir sind alle zusammen gegangen. Komisch wenn die Muddi mit ist, erleben wir immer was!

Heute war Paula der lange Schlurren voll aufdringlich, mit ihrem Schnuten abgelecke. Da hab ich geknurrt, stört sie aber nicht. Jonny Beagle hab ich auch mal wieder Hallo sagen können. Nun ist Feierabend für heute euer Alf

Heute ist der 24.9. seit 8 Monaten bin ich frei. so heute bin ich nach dem Aufstehen nochmal in Muddis Bett gekrabbelt, als es nach unten ging, bin ich natürlich mit. Hey, Vorfrühstück und kuscheln ist angesagt. Später sind wir mit Onkel und Tante los. Wir haben Bonbon Heike ohne Hut getroffen, da bin ich natürlich gleich hin. Mein liebster Postman war auch hier. An dem hüpfe ich immer hoch wie ein Jo-Jo. Da hat die Muddi mich kurz am Kragen gekriegt. (Nach der dritten Verwarnung) ich hab vielleicht geschrien Tierquäler! Hundegewerkschaft! Aber danach konnte ich mich benehmen.

Voll Fies, das petz ich nachher dem Papi

Bin ich gar nicht zu gekommen. Der Menschenwelpe war da und interessanter als ich, Menno, und unser Wasser hat sie auch ausgeschüttet. Ich bin wohl doch ein kleiner Egoist. Nun geht es nochmal fix zum Platz. Knutscha euer Alf

27.9. Sonntag ist Gammeln angesagt. Es ist eklig nass draußen, fast schon zum im Bau bleiben. Die Nacht durfte ich in der Besucherritze im Bett verbringen. Nach der Pille hab ich mich fest an den Papi ran gekuschelt und noch ein Stündchen geratzt. Hetty lag bei Muddi am Fußende. Tessa kommt nie mit uns ins Bett. Nur alleine. Nach dem Aufstehen hat der Papi für das Vorfrühstück gesorgt. Sogar doppelt.

Ich hoffe, sie vergessen die Runde. Wir haben uns ja schon im Garten gelöst, sind dann leider doch losmarschiert.
Ich hatte voll zu tun mit schnüffeln. Herbst riecht aber auch toll.
Tessa ist mal wieder abgedüst. Ins Moor natürlich. Moorhexe in schwarz.
Sie musste draußen ganz doll geschrubbt werden. Erst mit Regentonnenwasser, weil sie war ja auch im kalten "See", sagt der Papi, aber Muddi hat dann warmes Wasser rausgeschleppt. Das reinigt besser, sagt sie.
Nun muss sie eingemummelt im Körbchen liegen, bis sie trocken ist. Aber vorher hat sie noch ihr Essen bekommen. Nun pennt sie die ganze Zeit. Nachmittags war Familientag. Wir sind ordentlich begöscht (Google mal. Hamburger Bedeutung) worden. Ich bin natürlich der Held. Spazieren waren wir heute nicht, zu eklig. Wir sind echt verwöhnt.

28.9. ich hab heute voll verschlafen.
Aber von vorne ...
Aallsoo die Muddi kann oben so lange Nacht machen, wie sie will.
Unten ist schon Tag.
Zack Treppe hoch ... Nacht ...
(gelobt seien die Rollläden)

Die Erschreckmaschine ging los. Ich raus ausm Nest, zur Muddi ans Bett. Nee gab keine Pille logo, der Papi war nicht da! Also mit rein zum Kuscheln. Dann ging nochmal der Lärm los. Muddi hat mich eingemummelt und ist raus aus dem Nest.

War ja noch Nacht also schnarche ich weiter.

Irgendwann bin ich aufgewacht und hab die Muddi gesucht. Na, die hatte schon ihr Vorfrühstück, die Mädels haben sich gefreut, dass sie die Muddi mal einen Augenblick für sich hatten. Naja, nun bin ich ja wieder da.

Also ganz normales Morgenritual ohne besondere Vorkommnisse.

Die Muddi war kurz weg, aber das war okay. Danach haben wir uns einen leckeren Welland Apfel geteilt. Muddi sagt, ist gut für Bauch und Zähne, also jeder Apfel.

Nachmittags sind wir eine schöne Runde gegangen. Bei den ganzen Gerüchen muss ich aufpassen, dass ich die Muddi nicht verliere. Der Herbst ist eine Geruchsexplosion, deshalb war Hetty heute mal auf dem Zwutsch. Sind aber alle heil zu Hause angekommen.

So dann mal einen schönen Abend für euch Freunde.

29.9. Ach Menno, schon wieder früh aufstehen. Die Muddi musste ja arbeiten. Der Papi hat für uns frei genommen. Also waren wir zwei Männers und zwei Mädchen unterwegs. Hetty bleibt immer schön bei, sogar als wir Lilly und Lola getroffen haben. Nach dem Frühstück haben wir erstmal Pause gemacht. Was soll ich sagen, Schwupps war die Muddi wieder da.

Also meine Muddi hat eine tolle Geschichte gehört. Meine 2 Jahre ältere Laborschwester Lucy ist gestern auf den Stuhl hoch dann auf den Tisch und hat ein Suppenhuhn geklaut. Lucy die Gangsterbraut.

Das hat sie noch nie gemacht. Ihre Muddi wusste gar nicht, dass sie auf den Stuhl kommt. Aufs Sofa muss sie ja auch immer gehoben werden. Jetzt hat sie Pech und muss da selber jetzt hochkommen.

Wir waren auf dem Platz, damit sich Tessa auspowern kann. Waren nur Mädels da. Ich hab paar Mal versucht, meinen Parcours richtig abzulaufen, aber irgendeine von den Zicken hat mich immer dabei gestört. Feierabend in meinem Nest.

Knutscha euer Alf

30.9. Ich bin eine richtige Schlafmütze geworden. Inzwischen bin ich der Letzte, der aufsteht. Aber auch nur, weil ich mein Vorfrühstück nicht verpassen will. Das Wetter war passabel zum Laufen, hab einen neuen Beagle kennengelernt. Kuno. Der kam von der anderen Seite der Heide. Später hab ich Bonbon Heike mit Hut getroffen. Hatte keine Angst. Sie hat ja auch geredet und Raika, Pumba und Bella waren dabei. Hab ordentlich abgestaubt.

Uui, die Muddi hatte voll viel auf dem Zettel heute, da hat sie doch fast meine Geschichte vergessen. Nun sind wir fix auf den Platz gefahren.

Hab alles durchgearbeitet. So, einen schönen Abend für euch euer Alf

01.10. Tach auch, heute war ein guter Tag, wir sind entspannt aufgestanden, haben Kuscheln und Vorfrühstück genossen. Danach kam Onkel und wir sind alle zusammen los. Muddi schwächelt noch mit ihrem Knie ... aber heute ist Kniedokta dran.

Die Großen sind auch freigelaufen. Das war prima. Wir haben noch die nette Schnellgehfrau begrüßt, dann ging es weiter. Zuhause bin ich immer Erster. Gibt ja Futter. Plötzlich stand Opa in der Tür, der wollte auch

Vorfrühstück, dann kam noch ein Nachbar zu Besuch, der wollte nur mich. Jetzt muss ich ausruhen. Ach ja, ich hab heute das erste Mal was gespendet. Nur so viel wie eins meiner Bücher kostet. Aber ich helfe damit anderen. Die Muddi ist voll stolz auf mich, ich kann doch sonst so schlecht teilen.

Onkel war noch mal da mit ner grooooßen Tüte voll mit Leckerschmecker.   Jammy   gibt   aber   nix HUNDEGEWERKSCHAFT HÜÜÜLFEEE
Ach ja, die Muddi ist in einem Stück vom Dokta gekommen. (Kniescheibe verschoben Bandage, Pillen und Ruhe, finde den Fehler) aber vorher war sie noch in Neugraben bei der Bürgerinitiative gegen das LPT. Das muss! Dort durfte sie neben Horst Pl. sitzen. Dem Urgestein des Kampfes gegen das LPT. Er saß 6 Jahre bei Wind und Wetter im stillen Protest vor den Toren der Hölle. Respekt!

Papi mit uns allein spazieren, heute musste ich nach Papis Pfeife tanzen, also zurückpesen, wenn er pfeift.

Nun ist das Rudel zusammen und ich kann schlafen. Bis morgen euer Alf

02.10. Unglaublich...heute Morgen bin ich drei Mal aus meinem Nest gekegelt, weil die olle Brüllmaschiene drei Mal runrandaliert hat. Echt jetzt Muddi ...

Danach lief alles, wie am Schnürchen, wir drei waren alleine unterwegs. Ich bin ein Herbstlaubprinz, sagt die Muddi. Ich verschmelze mit meiner Umgebung. Tessa hat sich wieder über die schnatternden Eichhörnchen geärgert. War sonst alles gut. Nach dem Frühstück ist die Muddi nochmal los, ich brauche ja neue Tabletten. Später haben wir wieder an der Pforte rumgelungert. Ich begrüße ja jeden den ich sehe mit lautem rostigen Gebell, und heute sind das einige…

Bin ich echt ein bisschen albern. Hab mir Muddis Häckelnadeltasche geschnappt und rausgetragen. Mein Lieblingstürstopper war schon da, einen Flaschenverschluss hab ich auch erwischt.

Wir machen Männerabend auf dem Platz, mein Best Buddie Yambo ist auch da. Wir müssen aber vorsichtig sein, es ist Treibjagd und Yambo sieht aus wie ein fettes Reh, die Muddi ruht ihr Knie aus also bis die Tage euer Alf

Und dann gibt es noch die Geschichte von der angeberischen Katz, also Kater ...

Von vorne: Die Muddi ist ja gut vernetzt, nun hat Tante noch ein wunderschönes Katzenhaus und Muddi kennt die passende Katze dazu.

Das schöne Laborkatzenfrollein Zora. Eine rote, liebenswerte Sonnenscheinkatze. So wie ich, nur in Katze eben. Sie wohnt seit Dezember, nach 3 Jahren im Labor, in einem für immer Zuhause und macht ihre Menschen glücklich.

Ihr wisst schon, dass es viel weniger Katzen raus geschafft haben als Hunde, oder?

Naja, sie hat einen Stiefbruder. Den Rotpelz Julian und deeerrrr macht sich über meine Sprache lustig echt jetzt ... der kann seinen Gelehrtenhut verbrennen, Blödnase. Der sagt nicht Homofiss, nee **HOmeOFies** mit französischem Angeber Akzent.

Zora sagt, ich soll mich nicht ärgern.

Obwohl sie katalanische, temperamentvolle, Wurzeln hat. Wir sind was Besonderes, auch wenn es uns an Bildung fehlt. Wir haben schon so viel in so kurzer Zeit gelernt.

Sie jedenfalls, ist eine Freundin.

03.10. Endlich mal wieder ausschlafen, so eine Woche hat das schon in sich ...

Also Morgenritual zu meiner Zufriedenheit erledigt. Im Gelände war wieder der Teufel los ... Menschen, Räder, Hunde, Pferde uuuund die Monsterherde.

Aber wir sind dahingegangen. Die Schäferin Ute, weiß vor lauter Menschen auch schon nicht mehr wohin.

Flink, ihren Chefhund finde ich prima. Benno die Nummer zwei ist bei der Herde geblieben. Ich hab die Schnucken lieber nicht angeguckt. Na, und Ute hatte zwar Bonbons aber der Geruch .... weiß nicht wieso, aber das gefällt mir nicht. Jedenfalls renn ich nicht mehr weg. Ich soll lernen entspannt vorbei zu gehen, leicht gesagt, Leute.

War froh, als es Richtung Heimat ging.

Nachmittags waren wir bei Onkel und haben die schönen Rabatten durcheinandergebracht. Nun sind wir wieder zu Hause und genießen unsere Ruhe. Nachti euer Alf

04.10. WELTTIERSHUTZTAG Sonntag heute hab ich nicht im Bett geschlafen, sondern ordnungsgemäß in meinem Nest. Die müssen auch mal ohne mich klarkommen.

Nach dem Aufstehen haben wir ohne Papi Vorfrühstück und den ganzen Tüddelkram gemacht. Siehste, der Papi kommt klar ohne mich im Bett.

Tja, und die Muddi hat meine Taler gezählt. Und findet eine Doppelzahlung oh nein, wie peinlich schnell die Silvi angefunkt, tschulligung gesagt und zurück mit den 50.00 Mäusen.

Silvia sagt," NEE Schietbüddel, das soll so, für Alf's Pillen".

Danke passt! Hab gerade Neue, kosten 43,18

Muddi sagt grooosßeee Herz, die Silvi! Hier in der Gruppe sind viiieeele große Herzen. Danke nochmal an dieser Stelle.

Der Papi war allein mit uns spazieren. Hab nach dem Essen erstmal ein Schläfchen gehalten. Nachmittags fahren wir zum Platz, Knie schonen ....

Platz war gut. Boah, als wir wieder zurück waren, habe ich der ersten echten Knochen bekommen. Sowas Leckeres hab ich noch nie gehabt. Schade das es nur einen kleinen gab.

Nun ist mein Bäuchlein schön gefüllt und ich mach dann mal ein Schläfchen. Habt einen schönen Abend.

Knutscha euer Alf

05.10. Montag, heute ist ein toller Tag. Die Muddi musste zwar Dörrfleisch verdienen und wir waren mit Onkel los. Vorher haben wir natürlich unser Vorfrühstück bekommen. Aber als Muddi nach Hause kam, war erstmal wilde Freude angesagt, danach haben wir ein riesengroßes Paket bekommen, voller Delikatessen, das war eine Überraschung. Vielen Dank dafür. Dann haben wir noch ein Futtersuchspiel von Fietes Mama bekommen, Fiete hat zwei.

Das macht Spaß, alles krieg ich noch nicht alles hin. Geduld ist ja auch schwierig....

Menno was für ein Tag.

Also, das ist echt schwierig mit diesen ganzen Bonbonverstecken, aber es macht auch Spaß. Zwei gehen einfach, aber die anderen. Uiiuiiuii auch wenn die Muddi das vormacht, geht schwer. Pffff ich bin völlig erschöpft vom überlegen und muss erstmal ausruhen. Mit dem Papi waren wir auf dem Platz. Calliou, Hope und Lenny waren auch da. Nun ist Feierabend. Bis morgen euer Alf

06.10. Mohooiin, man bin ich müde. Ich musste 2x raus in der Nacht. Ich musste trotzdem aufstehen. Nach dem Vorfrühstück und der Pille wurde es nicht besser. Wir haben uns alle verpieselt, denn es hat geregnet. Die Muddi will aber unbedingt raus. Menno, dann aber fix.

Und draußen war es dann doch toll. Wir sind am Rand der Heide rumgebeagelt. Schöne Sandwege für mich zum flitzen Muddi made my day, würde ich sagen.

Nach dem Nickerchen war vor dem Nickerchen. Hab wieder ordentlich mit der Bonbonversteckmaschine gekämpft. Ich bin soo schlau. Das ist nämlich schon eine mit Level 2. Superalf! Hab fast alles hinbekommen.

Später hatte ich Besuch von meinem Minimensch-Kumpel, also, kein Welpe, eher ein Junghundmensch. Der kam kurz zum Knuddeln rüber.

Hetty hatte wieder Schiss. Kleine Menschen machen ihr Angst ...

So, jetzt geht es gleich noch mal zum Platz zu Penny und Yambo und dann gibt es endlich meinen Zahnputzer und Ruhe is

Knuddel euch. Euer Alf

07.10. Hallo neuer Tag, hier ist Alf, mir geht es gut, wir hatten schon wieder keine Lust aufzustehen. Nützt ja nix. Wir müssen ja.

Frühstück war gut und im Wald war nichts los.

Die Muddi hat sich heute nicht gekümmert, sie war im Homofiss-Zimmer und hat Krach gemacht. (Nähmaschine) ich hab trotzdem geschlafen.

Die Muddi hat mir erzählt, alle Menschen sind glücklich, weil es mir so gut geht. Den anderen geht es genauso gut, oder besser ... mehr Bonbons wahrscheinlich ...

Damit es so bleibt, hat Muddi eine Nachricht bekommen, in der für mich Geld geschickt wurde. Dankeschön an dich.
Später durfte ich wieder mit der Bonbonversteckmaschine spielen.
Ich denke, ich bin ein Genie, hab heute alle Verstecke geöffnet.
Und bisschen auseinandergenommen Pfotenmotorik ungenügend.
Dann kam Heidi noch zu Besuch und ich hatte ein Kuschelopfer.
Seit 16.00 Uhr regnet es hier Bindfäden. Da jagt man keine Hunde vor die Tür.
Menno, heute war unsere Wackelkiste ein Umzugsauto ...
Katzenhaus ist zu Zora gefahren. Und Muddi hat die Katzenbande genossen. Weichpelze und Puschelkatzen. Fremdkuscheln. Pfff nun muss ich sie erstmal durchschnüffeln.

08.10. Gestern Abend hab ich so getan, als ob ich die Bonbonversteckmaschine nicht bedienen kann. Tja, der Papi ist drauf reingefallen und hat mir geholfen. Als er nicht mehr wollte, habe ich versucht meinen Zauberblick einzusetzen. Das ganze Ding umhauen....
Sodele, heute sind wir eine schöne große Runde gegangen. Jeder durfte freilaufen. Muddi sagt, wir alle kriegen Thrombose, wenn wir nicht laufen. Wir mussten gestern wieder reinholen, paar Hunde haben wir unterwegs auch getroffen.
Die Wildschweine haben fleißig umgegraben, da Rüsseln die Großen gerne. Ich nicht.
Mist, hat wieder den ganzen Tag geregnet und wir wollten nicht raus. Also, drinnen abhängen. Wie soll das erst werden wenn der Winter kommt.

Der Papi ist dann mit uns losgezottelt, reicht, wenn einer nass wird, hat er gesagt. Am Ende des Tages waren wir alle nass.....

Denn ich bin verlustig gegangen. Irgendwas hat in meinem Kopf umgeschaltet und ich bin gerannt wie noch nie. Der Papi konnte mich nicht kriegen. Hab auf nichts reagiert. Nicht aufs Rufen, oder Hundepfeife. Bin nur gerannt.
Eigentlich hätte ich den Weg finden müssen, aber habe ich nicht. Ich bin auch nicht wirklich weit gekommen. So 500 Meter... Meine Familie ist vor Sorge fast verrückt geworden.

Suchaktion und Suchtrupp.

Meine Menschen und ich waren eine Stunde in Angst und Bange. Sogar Onkel und Tante sind noch zum Suchen gekommen, schon im Räuberzivil.
Einmal bin ich falsch abgebogen und hab den Weg zurück nicht gefunden.
Zum Glück hat mich ein netter Mann aufgegabelt. An einer richtigen Straße, da wo richtige Autos fahren. Ach der kleine Beagle sieht aber verloren aus, hat er gesagt. Dann hat er meine Telefonnummer auf der Plakette entdeckt und Muddi angerufen. So schnell ihre Füße laufen konnten kam sie angelaufen und hat mich gerettet ....
Ende gut, alles gut.
Ich bin ja hier auch bekannt wie ein bunter Hund...
Nun ist Feierabend und wir müssen erstmal trocknen.
Tschüss euer Alf
PS war pünktlich zur Tablette zu Hause.

09.10. Freitag, mein Lieblingstag und dann macht der Papi auch noch Homofiss. Also sind wir alle zusammen nach dem Vorfrühstück spazieren gegangen. An der Ecke haben wir gleich die ganze Hundemeute von der Morgenrunde. So 10 Hunde ungefähr. Mein Abenteuer hatte sich natürlich schon rumgesprochen, ich bin zu jedem Menschen zum Betteln gegangen. Die Muddi war voll saurig, weil ich meine Ohren zugeklappt habe. Ich musste an die Leine. Ist das denn zufassen! Unerhört. Ach ja, gestern hat sie mir schon eine Warnweste bestellt. Damit ich überall zu sehen bin ....
Jedenfalls sind wir alle zusammen zu Hause angekommen. Mein Spiel hab ich wieder ganz alleine geschafft.
Abendrunde war gut. Völlig relaxed. Zuhause hab ich still im Körbchen auf meinen Zahnputzer gewartet, hmmm werde ich erwachsen?
Im Wald sind die Wildschweine aktiv. Nicht so meins.
Der Papi har den Ofen angemacht. Ich darf da nicht hin. Krieg gleich Mecker, ich merk doch, dass das da heiß und gefährlich ist. Bin ja nicht doof! Nachti Leute

10.10. heute Morgen ist Tessa zu Muddi ins Bett gehüpft. Hetty und ich sind wieder runtergegangen. Ist ja Wochenende. Vorfrühstück war gemütlich. Die Runde hat auch Spaß gemacht. Wir durften alle drei gemeinsam freilaufen. Muddi sagt, Respekt und Vertrauen sind der Schlüssel. Lilly und Lola waren auch unterwegs. Zum Glück keine Schafe. Hey, heute ist mein neuer Kittel angekommen. Leuchtkäfer ...dazu hab ich noch ein neues "Level2" Spiel bekommen. Babykram, sofort alles gelöst. Ich bin sooo schlau.
Dann hat Muddi es Hetty hingestellt. Die so, ööhm nööö, wie jetzt? Dann kam ich: ..los geh wech, ich kann das man, wech ich mach das, weg, weg, hau ab.

Aalder, echt jetzt, zur Nachmittagsrunde musste ich den ollen Kittel anziehen. Voll peinlich. Vor allem als wir Jonny den Beagle getroffen haben. Na, ich hab mich oft geschüttelt, aber das Ding sitzt fest. Stück weiter sind wir auf Bonbon Heike gestoßen. Uuuund guckst du, sie hat auch so einen Kittel an. Na dann ist das wohl okay. Blacky haben wir auch noch getroffen. Der fand es auch nicht so schlecht. Ich mach auch keinen Krach mehr, wenn wir nach Hause kommen. Freue mich aber wie varüggt über mein Zahnputzer. Macht es euch muggelig, euer Alf

11.10. Sonntach und ich liege wieder mit im Bett. Ich hab ja schon eine innere Uhr. Ich komm von alleine an, wenn Käse-Pillenzeit ist. Nun stimmt meine Uhr nicht mehr. Bekomme jetzt jeden Tag 5 Minuten später meine Pille. Irgendwas mit Winterzeit. Gaanz spät sind wir aufgestanden und haben das Morgenritual genossen. Wir waren mit dem Papi alleine los. Muddi wollte nicht. Später war ich noch mit dem Papi Brötchen holen. Ich durfte sogar vorne in der Wackelkiste sitzen, also unten vorne.

Hab heute wieder ratz fatz mein Spiel gelöst. Nachmittags hab ich´s Tante noch gezeigt. Ich, Alf, Beaglegenie.
Dann musste ich wieder meinen Kittel zum Spaziergang anziehen. War nicht viel los unterwegs. Nun lieg ich gemütlich in meinem Nest. Also, schlaft schön.

12.10. Der Papi hat wieder Homofiss, dafür muss die Muddi los. Wir haben trotzdem zusammen Kaffee und Dörrfleisch genossen. Dann kam Onkel, der mag gerne vor der langen Schicht nochmal raus, an die frische Luft. Heute war Nebel, uuuuiiii aber wir haben unseren Weg gefunden. Später hab ich beim Homofiss geholfen. Als die Muddi wiederkam, haben Hetty und ich uns fast um die Muddi gekloppt. Aber wenn wir uns so doll freuen, müssen wir so durchdrehen.

Im Übrigen sag ich jetzt auch Bescheid, wenn ich von draußen wieder rein will. Später treffen wir noch unsere Kumpels auf dem Platz.

War ganz prima auf dem Platz mit Lenny und Calliou. Vorher haben wir noch: Alf bezwingt die Steilwand, gespielt nun sind wir wieder zu Hause und haben feddich für heute. Hab zu Muddi gesagt, das kleine Spiel kann wech, Hundevorschule Level.

LG euer Alf

Es ist der 12.10.20, heute vor einem Jahr brachte die SOKO Tierschutz mit "Lukas" den Stein in rollen.

Nur deshalb könnt ihr meine Abenteuer und Entwicklung verfolgen. Danke an alle Kämpfer, wir denken an alle Tiere, die nicht so viel Glück wie ich hatte.

Und Danke an alle, die für uns im Labor gesungen habe.

Von der guten Straßenseite aus. Hetty und Tessa waren auch dabei

15.10. Es ist Donnerstag und wir konnten mit dem Papi Vorfrühstück machen. Danach musste er wieder zu seinem Homofiss und wir waren mit Muddi alleine unterwegs. Wir sind schmale Einmann Wege durch den Wald gestreift. Das war voll schön. Ich bin gebeagleflitzt. Ach wie schön. Die Großen mussten am Band bleiben. Die haben das gestern übertrieben ....

Frühstücken und Pause machen. Im Übrigen macht mir das Rüsselmonster keine Angst mehr. Und wenn, geh ich ihm aus dem Weg. Ich werde eben immer selbstbewusster. Muddi sagt, ich bin ein Tyrann und will meine Grenzen austesten. Stimmt ja gar nicht, können Beagle Augen lügen? Neee, ich glaube nicht. Aber ich hab sooo Mecker gekriegt heute.
Weil...alsoo, wenn draußen ein Mensch ist, raste ich aus und will raus. Ich kreische voll laut. Springe gegen die Haustür, renn zur Terrassentür. Springe dagegen. Alles mit Kriegsgeheul hin und her ... ich hab soo einen Dämpfer gekriegt. Ohaaa, leg dich nicht mit meiner Muddi an .... Nachmittags waren wir alle in Fischbeker Heide, da herrschte Hochbetrieb. Und wir mussten beibleiben. Einfach zu viele Leute. Aber ich war artig.
So, Zahnputzer erledigt. Der Kamin ist an und Feierabend für heute. Euer Alf

16.10. Freitaaag, gutes Wetter heute, etwas frisch 2° nur. Aber erstmal sind wir ja drinnen. Vorfrühstück und so ... wir kommen auch erst später los. Meine Tablette hab ich heute um 8.25 Uhr bekommen. Morgen dann um 8.30. Tja, so is das. Heute haben wir Onkel mal wieder mitgenommen. Wir waren am gelben Canyon, das findet Hetty so toll da. Ich nicht, Prinzessin Tessa auch nicht.

Die Muddi musste heute die kleine (Polo) Wackelkiste, unseren Gremlin, (hier hat alles einen Namen) umparken. Ich Schreihals durfte mitfahren, komisch da drin.

Hihiii heute war Susa zu Besuch, das ist eine Katzenmuddi und die hat mich vom Sofa plumpsen lassen. Gibt's denn sowas? Ich dreh mich doch nicht beim Fallen, bin keine Katze, außerdem weiß ich immer noch nicht, wo mein Schwerpunkt ist. Dafür hat sie uns prima mit Bonbons vollgestopft... am Tisch, hallo, das ist doch verboten. Also in nächsten Leben werde ich Katze bei Susa.

Auf dem Platz hab ich meinen Kumpel Yambo getroffen. Er hat mich heute mit Küsschen begrüßt. So, nun gab's den Zahnputzer und es ist Feierabend. Knutscha euer Alf

17.10. Menno, man weiß gar nicht mehr was für ein Wochentag ist durch Homofiss und so, naja Tessa hat gedacht, der Papi hat verschlafen und hat ihn zeitig geweckt. Dann sind wir drei durchs Schnarchzimmer getrappelt. Ende vom Lied, vorm Wecker aufstehen dann ging alles fix. Vorfrühstück und los. Wir haben Blacky, Eidan und Emma und Mops Norbert getroffen. Mit Norbert haben wir ein bisschen mehr geschnüffelt. Der ist schon voll alt. Wir sind da gegangen, wo ich schon mal war und verlustig gegangen bin. Wollte wieder in den falschen Weg. Zum Glück ist es hell. Zuhause gab's Futter und dann ab in die Wackelkiste. Wir sind heute zur Tagesbetreuung bei Tante, meine Menschen gehen bei Penny aushelfen. Da sind wir heute nicht so gut aufgehoben.

Also Penny hat sich megagefreut, meine Muddi mal alleine für sich zu haben. Mit happy Dance und allem Pi Pa Po. Sie hat sogar Sachen gegessen, die sie sonst nicht isst, meine Muddi die Hundeflüsterin, dafür hab ich die Tante ganze Zeit gestalkt und musste immer raus und Ausschau halten und jammern und wieder rein und stalken ... bis ich fix und alle war. Trotzdem konnte ich heimlich in Tantes Keller pinkeln.

Wir haben uns sooo gefreut, als unsere Menschen wieder da waren. Irgendwann waren wir dann zu Haus, und da ist es am schönsten. Nachts um 2 Uhr musste ich raus und dann später nochmal. Ich schwöa, wir haben nicht viel extra Bonbon bekommen. Aufregung?

18.10. Heute ist die Muddi erster, wir sind noch müde, aber die Muddi muss Arbeiten gehen heute. Der Papi ist da. Männertag.

Also es gibt nix zu vermelden, alles war gut. Nachmittags auf dem Platz hab ich Jutta erstmal paar Takte erzählt, denn Penny hat gepetzt ...

Zuhause haben wir dann auf unsere Muddi gewartet. Nu is sie da und wir Couchen.

So das war's von diesem Wochenende LG euer Alf

19.10. Wir sind heute zusammen mit der Muddi aufgestanden. Schön gekuschelt, die Mutti hat Rücken, die braucht mich heute. Nach dem mickerigen Vorfrühstück ist Onkel gekommen und wir sind alle losgezottelt. Unterwegs waren wieder Rehe auf der Straße. Zum Glück interessieren die mich nicht. Meine Tablette musste ich auch auf der Straße bekommen. Sind schon bei 8.35 Uhr, nichts Böses ahnend, haben wir dann die Morgentruppe getroffen. Da waren zwei Streithammel bei. Ich weiß gar nicht, was diese Aggressionen sollen. Sie haben meine Hetty attackiert aber is nix passiert. Wir sind dann fix nach Hause. Zur Belohnung gab's nach dem Frühstück noch was Leckeres. Außerdem hab ich das Spiel von Penny schnell mal gelöst. Zur Freude meiner Schwestern .... ich bin der Ernährer hier.

Heute am 19.10.19 war die erste große Demo gegen das LPT. Da nahm alles seinen Anfang für uns hier. Gänsehautmomente

Hier war wieder was los. Muddi wollte nur mit Tessa lverschwinden, das konnten Hetty und ich nicht zulassen nee, nee ... wir sind immer wieder rausgeflutscht und waren schon bei der Nachbarin drüben. Die hatte auch Bonbons. Dann ist die Muddi echt saurig geworden. Wir durften nicht mit. Würde sagen, Glück gehabt, denn Tessa kam ohne Fell zurück.
Später ist der Papi ne Runde mit uns gegangen, war schon bisschen duster. Aber ich leuchte, wenn auch nur für die anderen. Nun liege ich sicher in meinem Nest.

20.10. Es ist Dienstag und wir konnten entspannt aufstehen und unser Morgenritual feiern. Die Muddi musste erst später los. Unsere Runde war ganz prima, wir sind wieder durch den Wald gekrochen. Zuhause hat Hetty ganz schnell ihr Futter verhaftet und dann ihren Rüssel mit in meinen, karg gefüllten, Napf gesteckt.
Aber sie ist ja meine Schwester. Ich kann teilen. Sie wurde aber erwischt, hat Mecker gekriegt, und ich Nachschlag.

Dann musste die Muddi doch noch los. Aaaber sie hat uns was aus dem Dörrfleischparadies mitgebracht. Mir sogar noch ein SOS Schild für mein Geschirr.

Auf der Abendrunde hatte ich wieder meine Regenplane um. Jaa, mich sieht man. Die Mädels haben nur kleine Lichter am Halsband. Unterwegs haben wir noch Nobbi getroffen. Den Mops Opa. Der hat sich echt gefreut mich zu treffen. Ich mich auch. Sodele nun ist Schluss für heute. Knutscha euer Alf

21.10. Schietwetter, Nieselwetter und eigentlich will keiner aufstehen. Muss aber sein naja, was Solls, Vorfrühstück schmeckt immer. Onkel ist gekommen und wir sind zusammen los. Jemand hat auf der Panzerstraße Baumstämme quergelegt, da ärgert sich wohl jemand über die Radraser, schlimmer waren die Scherben einer Flasche, wir konnten alles gut umrunden. Am Ende habe ich den Ärger meines Lebens bekommen, Muddi ist so gemein. Ich habe die Morgenhunde gesehen, und nix wie hin, mit Vollgas. Ich habe null reagiert. Rufen, Hundepfeife nix, Durchzug. Die anderen Muddis ahnten, dass mein Stündchen geschlagen hat. Alle haben mich ignoriert. Als die Muddi mich eingeholt hat, habe ich immer noch nicht gehört. Da hat sie mich am Nacken gepackt. Ich habe natürlich geschrien wie am Spieß die Hunde kamen gleich gucken. Waren aber genauso schnell wieder weg. Wegen Fehlalarm oder so. . Uunndd zack war ich angeleint. Nun bin ich beleidigt, soll sie doch vor schlechtem Gewissen grün werden, oder gepunktet, mir doch egal.

Ich bin schließlich der kleine, süße, arme Laborbeagle. Beaglemänner dürfen ALLES!

Heute ist der Opa noch zu Besuch gekommen. Da bin ich wieder an der Haustür voll durchgedreht. Ich kratze an der Tür und springe dagegen. Hetty rotz ich mit auf. Die Großen haben eigentlich gelernt im Körbchen zu bleiben ... nun bin ich aber da.

Jetzt hat sie Homofiss gemacht, das wollte ich aber auch nicht. Also hab ich rumgewimmert und gefiept. Is sie doch runtergekommen und hat mich rausgeschmissen. Aber ich musste gar nicht. Hab dann von draußen an der Tür gekratzt.

Es können noch Wetten abgegeben werden...

Die Muddi sagt, ich hab jetzt Pubertät und bin ein Puber Tier. Naja, wenn sie meint.

Wir hatten so gar keine Lust raus oder so. Viel zu ungemütlich. Mit dem Papi sind wir aber nochmal kurz mitgegangen.

22.10. Heute ist super Beaglewetter. Nicht nass, nicht heiß, nicht kalt. Mild und trocken und Sonnenschein. Schöööönnn.

Nach dem Aufstehen musste ich erstmal ausgiebig kuscheln. Dann gab es Dörrfleisch. Der Papi macht wieder Homofiss. Er durfte nicht mit spazieren gehen. Deshalb sind wir wieder mit Muddi die Einmannwege durch den Wald gegangen. Das ist sooo aufregend so viele Gerüche. Eine Duftexplosion. Heute waren wir ganz brav. Echte Vorzeigehunde. Wenn wir wollen, können wir.

Nachmittags haben wir den Papi mit ins Gelände genommen. Wir waren zeitig dran und es war noch viel Betrieb. Das ist dann ein bisschen anstrengend, weil wir nicht so laufen dürfen wie wir wollen. Nun sind wir sogar im Hellen zu Hause. Auch gut, dunkel finde ich doof. Meine Laborgeschwister mögen die Dunkelheit auch nicht.

Einen schönen Abend mit Licht für euch. Alf

23.10. Ach nööö, heute ist kein schönes Wetter. Deshalb wollte ich auch nicht aufstehen. Bin ich aber, wird ja gekuschelt und gevorfrühstückt. Ja und dann auf die Pille warten. Danach sind wir mit Muddi losgezottelt. Die Straße ist wieder geräumt. Trotzdem, ich hatte nicht mal Lust zum Flitzen. Aber ich habe jetzt verstanden, dass Muddi das echt ernst meint. Also höre ich "premium-class" Hier ist Hier! Und wenn Muddi "hinten" sagt, muss ich SOFORT hinter ihr gehen . *Führen und folgen* das kann ich. Und beim Reingehen warten bis die Pfoten abgetrocknet sind.
Ach ich bin schon ein Schlaufuchs.

Nur abends um 10.00 Uhr, wenn ich noch mal pieschern gehen soll, bleibe ich liegen, dann muss der Papi mich auf den Arm nehmen, mich auf dem Rasen abkippen und sagen was ich tun soll ....

Die Muddi hat heute Bücher ausgeliefert. Wir sind da mit der Gremlin Wackelkiste gefahren. Da kann man beim Wackeln rausgucken. Boah voll aufregend.
So aufregend, dass ich sogar eingeschlafen bin vor Erschöpfung. Muddi hat mich nämlich im Auto gelassen. Aber große Wackelliste ist besser. Nun wieder zu Hause
Später bekommen wir noch vom Old Man Berry Besuch. Berry ist hier herzlich begrüßt worden. Die Mädels mögen ihn wirklich. Aber er wusste nicht genau wohin, also sind wir beide bei unseren Muddis in der Küche geblieben später, als der Papi kam, sind wir noch zum Platz gefahren. Mein Kumpel Yambo war auch mal wieder da. Nun sind wir zu Hause und Ruhe is. Euer Alf

Warum sind manche Leben wertvoller als andere?

So sieht der "FEIERABEND" im Labor aus.

Tote, blutende einsame Tiere.

Tiere sterben einsam und verlassen.

Niemand, wärmt sie oder streichelt sie bis zum letzten Atemzug.

Niemand weint und niemand trauert um sie. Ihre kalten, geschundenen Körper landen auf dem Sektionstisch oder in der Kadavertonne.

Das darf nicht mehr sein.

Kämpft weiter für die Namen-und Stimmlosen.

ALF, AMY, ANGELINA, BENNY, FELI, FIETE, HERMINE, KRÜMEL,   LUCY, LINA, PAULA, MILOW

UND AUCH

BAMBI, NELE, OLE, HARDY, HERR LEHMANN, OSCAR UND VIELE ANDERE

Kapitel 5: Der Jäger und Sammler

24.10. Ach wie schön heute bin ich genau 9 Monate in meinem für immer Zuhause, das stell sich mal einer vor .... vom kalten grauenvollen Labor in ein warmes sicheres liebevolles Rudel. Was kann ich das gut haben, heute Morgen mit ins Bett, kuscheln, dann gemütlich aufstehen, wieder kuscheln, lecker Dörrfleisch essen. Ausgelassen durch den Wald pesen. Menschen zum Lächeln bringen, tja, alles richtig bei mir. Sogar das Rüsselmonster ist mein Kumpel geworden.
Und dann ist heute noch internationaler Tag der Abschaffung von Tierversuchen.
Es glaub doch niemand allen Ernstes, dass meine ausgelösten Herzrhythmusstörungen irgendjemanden nützen. Sie haben nur mir geschadet.
Heute Nachmittag war wieder ne Dörrfleisch Lieferantin/Buchabholerin da, war ganz entspannt, zwischendurch waren wir fix mit dem Papi auf dem Platz. Parcours abgelaufen bisschen geübt und feddich. Bis die Tage euer Alf

25.10. Sonntag, Ausschlaftag heute sind Tessa und ich einfach bei Muddi im Bett geblieben. Aber irgendwann konnten wir sie nicht mehr im Bett halten, sie wollte Kaffee naa gut, dann sind wir eben auch aus dem Bett. Später sind wir alleine mit dem Papi los. Als wir zurückkamen, war unser Welpchen schon zu Besuch. Immer krabbelt die in unsere Körbchen. Tessa hat gleich das Weite gesucht, ist hoch aufs Bett. Decke übern Kopf, nix zu Hause.
Hat nicht lange gedauert, da kamen Frank und Claudia, das sind Waisenmenschen. Die haben keine Lakritznasen mehr, die brauchen dringend einen neuen Hund! Die sind sogar im strömenden Regen mit uns unterwegs gewesen. Nun sind wir trocken und müde. Nachti euer Alf

26.10. Sodele, heute ist alles wieder normal. Zeitig aufstehen, kuscheln und Vorfrühstück. Dann kam Onkel und wir sind mal wieder im Nieselregen losgezottelt. Waren trotzdem paar Hunde unterwegs. Dieses Abgerubbel nach der Runde gefällt mir voll gut. Die Mädels nervt das eher. Es war nichts los bei uns. Die Muddi ist den ganzen Tag durchs Haus gewuselt und in der Küche rumgewerkelt, da musste ich immer in der Nähe, na ja, nah, okay, vor ihren Füßen rumlaufen. Gab natürlich wieder Mecker. Menno, könnte doch was für mich abfallen. Is aber nich. Der Papi ist mit uns gegangen, weil es schon dunkelig wurde. Hetty hat das ausgenutzt und sich gewälzt. Stinker! Die musste erstmal gewaschen werden. Zahnputzer musste solange warten. Eben hab ich mich nochmal mit der Muddi gezankt, hab den Papi draußen gesehen und gekreischt wie ne Sirene, völlig abgedreht. Hab verloren, musste doch ins Körbchen. Kann mal einer SOKO Tierschutz anrufen, büdde.
Euch einen schönen Abend.

27.10. Früher aufstehen als sonst, son Mist ... schnell unseren Kaffee trinken und los. Kleine Runde gehen, mal gerade 30 Minuten. Denn die Muddi musste zur Arbeit, ich habe ordentlich hinter ihr her gejammert und geheult.
Hab mich so hochgeschaukelt, dass ich auf den Badteppich (Nr. 3) gedurchfallt habe.
Muddi hat das gleich gerochen ....
Irgendwie war das sowieso komisch hier. Unruhe dann kam der Papi früh, das war toll und mein Cousin Toni mit Familie auch. Schwupps war auch noch das Menschen-Welpchen da ... als wir vom Spaziergang kamen, war noch

mehr Besuch da. Boah wie anstrengend. So viel freuen und Hallo sagen.

Toni und seine Leute haben hier geschlafen, aber Toni traut sich nicht die Treppen rauf.

28.10. Morgens hat Toni dann gegen unseren Chefsessel gepinkelt. Pffff sowas aber auch. Bein an Möbeln heben, tztztz, geht ja gar nicht.

Es gab trotzdem Vorfrühstück für alle, Kaffee natürlich auch.

Bei der Morgenrunde hat er dann seinen Kittel verbummelt kleiner Döspaddel!

Unterwegs haben wir Lilly und Lola getroffen. Die Muddi hat noch paar Pilze vom Papa abgestaubt.

Am Ende war der Besuch dann weg und ich konnte erstmal ratzen. Dann ist die "Flocke" von meiner Laborschwester Lina zum Ausprobieren angekommen. Aber im Moment bin ich zu fix und fertig dazu. Und Bonbons und Zahnputzer habe ich auch bekommen. Und Muddi hat auch was gekriegt. Nachher fahren wir noch zum Platz.

Auf dem Platz war es gar nicht schön. Nass, kalt und ungemütlich. Ich hab meinen Parcours trotzdem erledigt. Dann aber nix wie ab nach Hause ins Warme zum Zahnputzer und die Ruhe genießen. Bleibt gesund, euer Alf

29.10. Halloooo zusammen, toller Tag, alle zu Hause wir fünf konnten ganz entspannt aufstehen und chillig unser Vorfrühstück verputzen. Als der Papi los ist, Brötchen holen, bin ich wieder heulend und zeternd durch die Gegend gelaufen. Muddi denkt das sind Verlustängste.

Denn wenn im Labor einer vom Rudel geholt wurde, kam er oft genug nicht zurück, oder kaputt.

Aber ich nerve schon die Anwohner, mein Gebrüll geht durch Mark und Pfennig. Morgenrunde nur mit Muddi gemacht. Die Wackelkiste hat neue Winterschuhe bekommen.

Gleich kommen Eddy und Piri, die Bolos.

Erstmal gab's Geschenke, was zu kauen und neue Leinen. Danach sind wir schön spazieren gewesen. Ich hab den beiden erstmal die Gegend gezeigt. Auf dem Rest haben wir noch Bella Bulli getroffen. Zuhause gab es einen Zahnputzer für jeden, jaaa wir können teilen.

Und dann hab ich was gehört, dachte der Papi is das, also ich zum Sirengeheul angesetzt. Eddy hat voll Angst bekommen und hat Schutz gesucht. Maja hat sich die Finger in die Ohren gesteckt. So bin ich nun mal ... übrigens, wenn der Papi mich ins Körbchen schickt, bleib ich da auch. Nun sind alle wech und Ruhe is.

30.10. heute Morgen haben alle Lärmmaschinen Lärm gemacht und wir wollten trotzdem nicht aufstehen. Mussten wir aber. Heute ist richtiges schlechtes Wetter. Ich hab sogar freiwillig mein Regenmantel angezogen. Die Muddi ist nicht mitgegangen und wir sind auch nur schnell unter dem Wasser durch. Frühstück war gut, und Mittagsschläfchen auch.

Was macht die Muddi bloß, damit sie nicht mit in den Regen muss? Also ich muss immer mit, so ein Schiet.

Jetzt liege ich vorm Kamin und trockne.

Macht das mal auch, ist schön.

Bis denne euer Alf

31.10. Hallo Halloween, na das war ne Höllen Nacht, alle 2 Stunden musste einer raus oder so. Um 1.00 um 3.00 und 5.30 und 7.30 Uhr. Zwischen drin hat Tessa auch noch angeschlagen. War aber wohl Fehlalarm, wir alle waren voll müde und sind erst um 9 Uhr aufgestanden. Spazieren wollte auch keiner, nur in den Garten.

Die Muddi hatte mittags ne Verabredung und wir waren mit dem Papi alleine, bis Onkel und Tante kamen. Die Nachmittagsrunde war ganz prima. Bin ordentlich geflitzt. Heute trage ich mein imaginäres Werwolfkostüm, jaulen kann ich ja wie einer, naja wie ein kleiner ...

01.11. So die schöne Vollmondnacht haben wir gut überstanden, keiner musste raus. Sonntags ist es ja immer gemütlich. Heute auch. Als wir alle so weit waren, sind wir in den Wald. Super Wetter und so schön viele Leute im Wald, überall ich hab nur Mecker gekriegt, nie durfte ich zu den Leuten hin, nicht mal verfolgen. Immer heißt es nur.

Alf: HIER! Oder: Kommst du jetzt her, oder: Kannst du nicht hören.

Ich glaube, viele Leute im Wald finde ich dann doch doof, bringt nur Ärger.

Zuhause wurde es nicht besser. Immer dieses: In dein Körbchen......... aber zackig! Nervt auch. Beim Papi höre ich besser, bei Muddi sitze ich vorgebeugt mit hängendem Kopf. Laborbeagle eben.

Dann gewinne ich meistens. Ich kann dann leider kein Wort verstehen von dem, was sie sagt ....

Papi sagt, Muddi soll nicht so nett sein, ...wehe

Ich mach mir die Welt, wie sie mir gefällt.

(Und das ist auch gut so! Anm. die Red.)

Mittags waren wir alle draußen, spannend im Schuppen alles inspizieren, aber nix darf man mitnehmen. Dann waren wir kurz zum Platz, der Wald ist ja voller Menschen. Da haben wir wenigstens unsere Ruhe. Heute passiert hier nichts mehr, deshalb tschüüühhüüß euer Alf

02.11. Montag endlich wieder meine Monk-Routine zeitig aufstehen, kuscheln, Dörrfleisch, kuscheln, anziehen und ab die Post. Heute hatten wir endlich den Wald wieder für uns. Lag viel Müll zum Beschnüffeln rum, aber wir haben nix mitgenommen heute. Als wir durch den Wald zurückgingen, roch es erbärmlich nach Wildschweinen nichts wie weg da. Zuhause gab es Frühstück und dann Pause. Später sind wir rausgeflogen. Rüsselmonstern und so. Ruck zuck ist es düster geworden. Als der Papi kam, ist er gleich mit uns los. Dunkel und viieel Wasser von oben. Abrubbeln finde ich ganz gut. Trotzdem saugt sich mein Fell wie ein Schwamm voll. Also, erlebt hab ich heute nix. Schade, euer Alf

03.11 Dienstag und wir müssen uns nicht beeilen. Muddis Arbeit hat zu. Und ich musste sowieso wieder um halb zwei raus. Deshalb können wir rumdüdeln, weil wir Zeit haben. Nach dem Vorfrühstück dann los. Als Erstes haben wir die Morgenrunde getroffen. Gab natürlich wieder Streit um Bonbons, wir sind dann allein weiter. Das ist Muddi und mir zu wuselig. Und wer kann mir erklären, was meine Schwestern an den Fellvögeln (Eichhörnchen) so interessant finden? Sollen die doch durch die Bäume fliegen, aber die beiden drehen voll durch, wenn sie die sehen.
So jetzt erstmal ein Verdauungsschläfchen halten.
Nachmittags sind wir in die Heide gegangen, waren auch viele Leute unterwegs. Eine Frau mit zwei Corgis (?) die fand ich richtig klasse, also die Hunde, hab mich ordentlich aufgeplustert. Wie ein Gockel. Das Beste ist, der Papi stand auf einmal mitten in der Wallaconda, *Überraschung,* was hab

ich mich gefreut. Bin wie der Blitz hingerannt. Freu, freu, freu, Hetty kam auch angeflitzt und Tessa ist gleich weeeeccchh. Ich bin immer zwischen meinen Menschen hin und her gelaufen und gehüpft, wir drei haben richtig getobt, das war schööön. Zu Hause gab es dann den Zahnputzer und nun ist Feierabend. Knuddel euch euer Alf

04.11. Mittwoch und alles im Lot. Der Papi macht heute Homofiss. Das heißt, noch lange nicht, dass ich mit aufstehe. Hab mal meinen Rüssel durch den Türspalt gedrückt, als er mit dem Kaffeepott an mir vorbei ist. Nönöö wieder ins Körbchen. Ich stehe ja immer mit der Muddi auf ....
Uund es gab Pille und Vorfrühstück. Alles richtiggemacht. Als Onkel dann auch noch kam konnten wir los. War wieder schönes Wetter und wir hatten unsere Ruhe im Wald. Heute bin ich der Muddi wieder perfekt gefolgt.
Nach dem Frühstück erstmal ausruhen. Ich bleibe heute unten. Hab keine Lust auf Homofiss.
Ach ich bin ein Superbrudi, bleib lieber bei Hetty.
Prima, heute Nachmittag sind wir alle zusammen los. Kaum waren wir im Wald, hat die Muddi einen Pilz gefunden. Wir mussten alle zu ihr hin. Sitz machen. Jeder musste an dem Pilz snüffeln. Dann sagte sie: Wenn ihr eine Marone findet, gibt's nen Bonbon, ich bin jetzt Maronenjäger in Ausbildung.
Leider keine gefunden... bin ich fast verhungert. Puuhh, gerade noch nach Hause zum Zahnputzer geschafft
Euer Alf

05.11. Heute lag Tessa mal wieder bei der Muddi im Bett. Wir sind dann gemütlich aufgestanden und hatten Zeit. Also ganz in Ruhe unser Morgenritual erledigt. Heute ist wieder voll schönes Wetter und es macht Spaß draußen zu sein. Erinnert ihr euch noch? Im Frühjahr bin ich zwei Spaziergängerinnen ins Herz getappst. Heute habe ich sie wieder getroffen. Hallo Manuela, sie fanden es toll wie ich höre und was ich alles kann. (Meine Schwestern finden sie auch gut). Das hat uns mächtig stolz gemacht. Das war eine schöne Runde, nun bin ich satt und müde.

Heute waren wir mit dem Papi zum Platz. Ruby und Paula waren auch da. Paula nervt mich voll. Die leckt andauernd mit viel Spucke mein Gesicht ab, andauernd, heute hat es mir gelangt! Habe geknurrt und nach ihr geschnappt. Aber sie lässt es nicht sein. Doofe Pudenkomixkuh.

So, bin feddich. Tschüss für heute euer Alf

06.11. Es ist Freitag und gar nicht schön, ich bleib noch ein bisschen liegen, am Ende muss ich doch aufstehen, Tablette nehmen. Ich hab ordentlich gekuschelt und geschmust. Dann Dörrfleisch, anziehen und los. Wir sind durch den kleinen Wald gegangen, leider habe ich keine Maronen gefunden. Nix Pilzjäger, Tessa war kurz weg und hat ihr Jagtbellen durch den Wald geschickt. Ich aber Haken in Sand und Vollgas. Wie im Lied, wenn das Rudel ruft, stell ich keine Fragen.

Aber die Muddi hat mich zurückgerufen, hab bisschen überlegt, aber Muddi ist schließlich der Boss. Also bin ich zurück. Tessa kam auch gleich.

Kurze Zeit später haben wir Berry getroffen und sind zusammen gegangen. Am Ende hat Tessa wieder ein Fellvogel entdeckt und der Muddi die Leine aus der Hand gerissen. Oh Mann, und die dann im Gestrüpp vertüddelt.

Zu guter Letzt sind wir dann doch noch komplett und heil zu Hause angekommen Frühstücken und Nickern, von wegen, Rüsselmonster war unterwegs ...

Später haben wir noch Homofiss gemacht. Jammy ich habe heute wieder mal Apfel bekommen. Das ist sooo lecker. Vom Apfelkuchen krieg ich aber nix ab.

Heute nochmal fix zum Hundeplatz und dann ist hier Feierabend.

07.11. Samstag ist gut, sind wir alle zusammen. Heute scheint sogar die Sonne. Nach dem Vorfrühstück sind wir in den Wald gegangen, es waren wieder viele Leute, Räder, Kinder, Pilzjäger und Hunde unterwegs. Ist dann schon anstrengend. Nach dem Frühstück konnten wir ein bisschen Pause machen. Dann ging es auch schon bald mit der Wackelkiste los. Wir sind heute zur Mahnwache nach Neugraben gefahren. Ich war Mahnwächter mit Halstuch, auf meinem steht Freiheitskämpfer, bei meinen Schwestern steht: Schnauze voll von Tierversuchen. Viele Leute kannten mich, mache auch nicht. Ich bin ganz viel gestreichelt worden. Ja, ich bin ein gefragter Typ, obwohl ich froh war, als es wieder nach Hause ging. Erstmal in den Wald und abspannen. Nun sind wir alle von dem Abenteuer fix und fertig schlaft ihr auch gut, Knutscha euer Alf

08.11. Sonntag ausschlafen, kuscheln, pullern gehen, Vorfrühstück und ab die Post. Das Wetter ist toll, deshalb sind auch viele Geländebiker unterwegs. Wirklich viele, wir mussten oft Platz machen. Manche waren auch vorsichtig. An uns ist noch alles dran. Nach dem Essen kam dann schon der Menschenwelpe mit Anschluss. Tessa konnte gar nicht so schnell fliehen wie sie wollte. Mir macht der Zwerg nichts aus, die kann ruhig mit ins Körbchen kommen. Kaum waren die weg, kamen Tante und Onkel. Wir sind erst nach vier Uhr los spaziert, es waren immer noch so viele Leute im Wald. Morgen wird es wieder entspannter. Nun schnarche ich leise vor mich hin.

09.11. montags geht alles seinen Gang, zeitig aufstehen, kuscheln Kaffee, Dörrfleisch genießen. Kurz beim Homofiss reinschauen und schwupp ist Onkel da und ab geht's. Heute hatten wir den Wald wieder für uns.
Das Wetter ist etwas mieselig. Nicht nieselig, aber auch nicht schön. Mieselig eben.
Wir haben die beiden Morgenmänner getroffen. Hab sie abgeholt und war ein Stück deren Begleithund. Dann sind sie mit ihren Stöckern an uns vorbeigezogen. Die nette Schnellgehfrau haben wir lange nicht getroffen. Wir waren alle ganz entspannt…Bis der Fellvogel über die Straße geflitzt ist. Tessa hat Muddis Arm fast ausgerissen.
Sind aber alle gut zu Hause angekommen. Frühstück und chillen. Die Muddi musste ins Dorf, ich habe natürlich hinter ihr her geweint. Obwohl der Papi oben gearbeitet hat. Nun ist alles wieder gut. Ofen ist an, so warm schläft es sich noch besser.
OHA, wir sind in der Zeitung gelandet.
Das kam so …
Die Muddi war beim Arzt, die Sprechstundenhilfe hat gesagt, oh ich habe ihr Buch gekauft.
Muddi: Aha ????
Sie, ja war als Buchtipp in der Zeitung …
(Naja, die Zeitung ist ein monatliches erscheinendes Magazin, welches kostenlos ausgeteilt wird.)
Außer an uns, ich schwöa.

Wir haben heute wieder einen Wackelkistenfamilienausflug zu Muddis Schmerzdoc gemacht, danach noch fix auf den Platz, auch wenn es nur kurz war, hat es voll Spaß gemacht. Wir haben getobt nun sind wir wieder in unserem kuschelig warmen zu Hause.
Wir machen es uns jetzt hyggelig. Bis dann euer Alf

Und ich soll noch sagen, heute, vor einem Jahr, am 09.11 fing alles an und nahm seinen Lauf.

10.11. So, bis zur letzten Minute geschlafen dann unser Morgenritual erledigt. Irgendwie wird es heute nicht hell. Trotzdem geht es los. Der Wald war still heute. Es ist schön so. Muddi hat uns alle zusammen freilaufen lassen. Na klar sind Hetty und Tessa gemeinsam abgezwitschert. Ich wollte mit, bin aber nicht so schnell. Außerdem bin ich gestolpert und die Böschung runtergekugelt.
Muddi und ich haben dann beim Stein Ausschau gehalten. Dann haben wir die Mädels entdeckt, den Berry auch, meinen alten Freund. Wir sind dann gemeinsam gegangen. Am Ende beim Tschüss sagen, wäre ich fast von einem Fahrrad überfahren worden. Ein weißhaariger E-Biker kam angeschossen wie eine Rakete. Muddi hat ganz laut **ACHTUNG** gebrüllt. Der ist direkt auf mich zu, kein bremsen, nichts. Ich konnte mich gerade noch zur richtigen Seite wegdrehen. Er ist haarscharf und knapp an meinem Kopf vorbei gezischt.
Alle waren wie erstarrt na, Muddi hat dem ordentlich hinterher gebrüllt, sogar Berrys Muddi hat dem hinterher geschimpft.
Unglaublich ...
Nach dem Nichtstun mussten wir um 15 Uhr schon wieder los. Da ist es noch hell und die Muddi sieht, wo wir sind.

Das Wetter ist immer noch mieselig, deshalb war nichts los. Schade, niemanden getroffen. Nun ist das stockduster und wir pennen wieder.

Der Papi hat mich um zehn wieder rausgeschleppt zum pieschern. Ich stell mich zwar tot, aber er puhlt mich trotzdem aus dem Nest. Egal wie müde ich bin. Ich muss aber tatsächlich, wenn ich draußen bin.

11.11 Mittwoch. Hab gut geschlafen. Also runter, Kaffee und Dörrfleisch. Ne große Portion Schmusen. Dann kam Onkel und raus ins Novemberwetter. Vom weiten haben wir die Morgenhunde gehört. Die kläffen immer wie die Irren. Muddi wollte die umgehen, hat nicht geklappt. Wir sind ihnen doch begegnet und Muddi ist dann immer ganz garstig. Ich darf nicht einfach jeden anbetteln oder anschnüffeln. Bella's Muddi steht schon stramm und guckt mich nicht an. Also musste ich wieder an die Leine, da ich nicht abrufbar war. Voll gemein. Muddi sagt, ich müsste eigentlich wissen, dass nicht jeder nett ist. Ich soll hören ....

Heute war der Opa noch mit Geschenken da, und Streicheleinheiten, als der Papi kam, war es schon fast dunkel, aber wir haben eine Nachtwanderung um 17.00 Uhr gemacht. Alle beleuchtet, außer Tessa. Muddi hat ihr Halsband verbummelt. (Hab ich nicht! Alf du alte Petze, habe es in meiner Jackentasche gefunden)

So nun sind wir alle wieder da, gefüttert und bettfeddich. Habt einen schönen Abend euer Alf

12.11. heute Nacht hab ich bei der Muddi im Bett geschlafen, sie brauchte das mal wieder. Da hab ich mit dem Papi um die Wette geschnarcht.

Es ist wieder Homofiss heute. Voll gut, kann der Papi mit in den Wald. Wir haben auch die Morgenhunde wieder getroffen. Dieses Mal durfte ich hin, aber keine Bonbons. Hetty und Tessa durften auch. Der Appenzeller und die anderen großen jungen Rüden sind mir nicht geheuer. Aber meine Schwestern sagen denen schon Bescheid.

Tja, nun genieße ich wieder den Tag. Das Rüsselmonster macht ja einen Bogen um mich. Schlaues Monster. Wir sind mitten im Fellwechsel, am liebsten würde Muddi uns auch rüsselmonstern.

Hab noch mit meinem Spiel ne Runde gespielt, nun wird es im Spendenflohmarkt gespendet, für ein Notfellchen.

Heute Nachmittag waren wir fünf zusammen los. Das ist immer toll. Tessa ist mal wieder ausgebüxt, aber nur kurz. Zum Glück ist der Kamin an. Das ist schön muckelig. Ich musste heute noch viel bei und auf der Muddi liegen. Ihr geht es nicht gut und das spüre ich. Ich tröste sie ein bisschen.

So, ich knuddel euch, euer Alf

13.11. Es ist **Freitag** und wir haben bis zur letzten Minute im Bett gelegen. Nach dem Aufstehen war ich so kuschelig und hab den anderen gar keinen Platz.

Vorfrühstück und sind dann mit Muddi los, es schien sogar die Sonne.

Heute ist hier wieder ein Jubilenium, nicht nur, dass Freitag ist, nein Hetty und Tessa wohnen jetzt 4 Jahre hier. Sie wurden nachts um 1.00 Uhr von einem Parkplatz in Bremen-Stuhr abgeholt. Da war ich schon ein Jahr im Labor Das ist aber Vergangenheit.

Nachmittags war Kuschelbesuch da. Ich kann das ja guthaben, aber Hetty auch. Ich musste teilen. Später sind wir mit dem Papi ne schnelle Runde gelaufen, wurde schon wieder dunkel, die Muddi durfte ihre Knochen ausruhen. Nun liegen wir wieder faulig in der Gegend rum.

Dicken Drücker euer Alf

14.11. Heute durfte ich wieder mit im Bett schlafen. Einmal hatte ich einen Traum, in dem ich geknurrt und gefletscht habe. Voll laut. Der Papi hat mich da wieder rausgeholt. Später hab ich sooo laut geschlafen, da hat die Muddi dem Papi einen Tritt versetzt, weil sie uns verwechselt hat, fand er nicht nett. Vorfrühstück ganz gemütlich.
Inzwischen liegen die Mädels wieder im Bett.
Die Runde war gut, wir haben neue Hunde und 3 Pferde getroffen. Ich hatte keine Angst oder so. Leider ist heute wieder kein schönes Beaglewetter, hab nicht mal Lust, beim Laubharken zu helfen nachher geht es mit dem Papi zum Hundeplatz zu Paula und Ruby... den wilden Weibern.
Na, irgendwie ist heute nicht mein Tag. Erst bin ich gegen die geschlossene Autotür gesprungen, obwohl die andere offenstand, bin wie Garfield runtergerutscht, nix passiert...
Zuhause angekommen, habe ich meinen Rüssel dann zwischen die Autoschiebetür gesteckt. (Neugierig wie ich bin ...)
Die ist dann zugerutscht und **auuuaaa**.
Hab erstmal gotterbärmlich geschrien.
Alles noch dran, nix passiert.
War wohl auch der Schreck. Naja Leute, ich erkenne keine Gefahr, wie auch? Manchmal muss man aus Erfahrung klug werden. Meinen Zahnputzer konnte ich auch fressen. Zu guter Letzt hat mir Heidi noch meine Pfote in der Haustür geklemmt. Großes Geschrei. Alles gut. Nichts verletzt.
ABER, ich muss ja immer mittenmang sein, ich könnte jetzt noch meine Nase in den Backofen stecken .... nein, mach ich heute nicht. Sonst ja, wenn ich nicht verjagt werde.

15.11. Geschlafen hab ich heute unten bei den Mädels. Morgens sind wir dann alle hochgetrampelt. Sonntags geht's ja chillig ab. Hihihii heute hab ich den Papi fast zum Stürzen gebracht, ist aber keinem was passiert, und die Brötchen sind auch heil geblieben. Im Wald war es heute doof, wieder Mionen Menschen zu Fuß oder auf gefährlichen Rädern unterwegs. Ich muss dann immer hinten laufen, also genau hinterher. Nee, nee, schnell nach Hause. Lecker essen und mit in den Garten. Ist ja schönes Wetter.

Dafür sind wir zeitig auf dem Platz gewesen. Da dürfen wir rennen, spielen und den Parcours laufen. Voll gut. Jetzt haben wir fertig für heute.

Habt eine schöne Woche euer Alf

16.11. Montag und Schietwetter. Trotzdem müssen wir ja aufstehen. Heute hat der Papi frei, um halb 7 kam schon Besuch, kannte ich gar nicht und wir durften nicht mal Hallo sagen. Der ist gleich im Keller verschwunden vor lauter Aufregung und Gerenne und Geschrei hab ich mein Dörrfleisch liegen lassen, hat Tessa dann aufgefressen. Muddi sagt, selber Schuld. Dann ist Onkel gekommen und wir sind eine schöne menschenleere Runde gegangen. Als wir wieder da waren, war der Mann schon wech ... einfach so ... wie unhöflich.

Später bin ich alleine mit Papi an der Straße ohne Leine gegangen. Wir haben Lilly und Lola besucht. Die wollten aber nicht draußen spielen. Ich hab aber den Garten genauestens inspiziert, viel zu Rüsseln da. Sonst war alles wie immer, also gut.

Die meiste Zeit habe ich heute mit stalken verbracht, sonst war nix los hier. Die nachmittags Runde war auch nicht schön, früh dunkel und Regen ... ach zuhause auf dem Sofa ist es doch am besten. Bis morgen euer Alf

17.11. Huhuuu heute ist ein besonderer Tag, der Papi macht Homofiss und ich muss heute zu Dokta André nach Harsefeld zum Röntgen außerdem huste ich der Muddi zu häufig müssen gucken ob alles soweit in Ordnung ist. So das dazu. Erstmal waren wir mit dem Papi spazieren. Boah ich konnte wieder die Baustelle inspizieren. Das finde ich sooo spannend. Bin eben ein Junge nun werde ich erstmal ne Runde ratzen. Wird noch anstrengend heute
Oh Mann und wie ... erst hatten wir Stau, sind dann einen anderen Weg mit der Wackelkiste gefahren. Am Ende waren wir 10 Minuten zu spät da, aber der gute Dokta André hat mich noch drangenommen. Zur Begrüßung hab ich erstmal ins Behandlungszimmer gepinkelt. Muddi war das peinlich, mir nicht. Hab dem Dokta mein Buch geschenkt. Er hat sich voll gefreut. Trotzdem musste ich zum Röntgen. Hat sich nix verändert, alles okay. Mein Herz schlägt kräftig, mein Fell ist seidig und ich bin zu fett ...14,1 kg das muss auf 13.5 runter.
Tja, und mein Husten mit Schleim (weiß)spucken kommt von einer muskelschwachen Speiseröhre. Das Essen kommt retour. Wie beim Menschen Reflux ...
Meine Näpfe müssen jetzt hochstehen, bergauf essen sozusagen. Wenn's nicht besser wird, Säureblocker und mit Halskrause beim Schlafen.
Aber der Dokta sagt, das wird, außerdem ist er ein ganz besonderer Mensch, er ist auch von mir verzaubert.
Jetzt gibt es wieder täglich Heilerde. Nun ist es schon wieder dunkel... wir waren fix ne Runde. Und nun Zahnputzer ... im Liegen wie soll das sonst gehen?
So, das müssen wir erstmal sacken lassen.

Frank T., du toller Holzkünstler
Wir brauchen wohl ne Futterstation von dir.
Knuddel euch euer Alf

Heute wurde auch Lucy Alf's 7-jährigeLaborschwester.
(Minipüppi) kastriert. Sie war scheinträchtig und hat sich
furchtbar gequält. Dabei haben sie ihr gleich 4 faule Zähne
gezogen. Alle haben schlechte Zähne, nur Alf nicht ... da
fehlt ein Stück aus ihrer Zunge, das wurde bei der Narkose
entdeckt. Was haben sie bloß getan, Monstermenschen!

18.11. Ach das war 'ne Nacht. Ich kann ja mit ins Bett, wenn
ich Bescheid sage. Ich gehe eigentlich immer in mein
Körbchen, aber manchmal stell ich mich neben das Bett und
werde dann reingehoben.
So geschehen und zwischen die Kopfkissen geklettert. Hab
mich schön bei Muddi angekuschelt und immer hinterher
gerobbt. Vollkontakt sozusagen. Zwischendurch mal meine
Schnute in ihre Halsbeuge gelegt und sie angepustet. Oder
meine Füße in ihren Rücken gedrückt.
Vor dem Schlafen gehen war ich schon wie eine Klette ...
Weiß gar nicht, wieso sie morgens so unausgeschlafen war.
Tja, versprochen ist versprochen.
Und so ein Arztbesuch soll auch verarbeitet werden ....
Nach dem Aufstehen und viel und nur 1x Dörrfleisch ging
es los. Alles prima draußen. Nix los. Nachmittags waren wir
dann vom 15 bis 16.00 Uhr im Wald und nochmal mit Papi
von 17 bis 18 Uhr auf dem Platz.
Aber ich wollte vorher in die Wackelkiste. Puuhhh war ich
feddich. Hab prima geschlafen. Muddi auch

19.11. Huui heute mussten wir uns bisschen beeilen, jetzt weiß ich auch warum. Da ist jemand gekommen und in den Keller gegangen. Hab ihn begleitet. Wachhund eben. Mein Essen steht jetzt auf einem Hocker. Was soll denn das? Aber ich komm da schon dran. Die Heilerde merke ich gar nicht. Rutscht sogar besser, ist ja bisschen Wasser mit drin. Meine Futterstation ist in Planung, ihr dürft gespannt sein was Frank sich einfallen lässt. Nun schlafe ich erstmal ne Runde. Sodele, musste in der Küche auf dem Teppich schlafen. Muddi hatte Besuch und hat die ganze Zeit in der Küche gesessen und bla bla bla bla ... nachmittags sind wir wieder spazieren gegangen, obwohl das Wetter nicht schön war. Zum Schluss haben wir noch Pumba und Raika getroffen. Schon fast dunkel... aber heil angekommen. Zahnputzer verhaftet. Nun ist der Kamin an und ich kann gemütlich schlummern.
Bis denne ihr Lieben, euer Alf
PS Lucy geht es besser.

20.11. Heute sind wir bis zur letzten Minute liegen geblieben danach, Pille, Kuscheln, Vorfrühstück und los. Heute war es sehr schön unterwegs, kühl, Nieselregen, niemand unterwegs jede Else durfte freilaufen. Am gelben Canyon auf der Wiese vorm alten Schießstand sogar wir alle zusammen. Die beiden haben sich natürlich gleich gekloppt und gejagt. Ich hab versucht mitzuhalten, aber sooo schnell bin ich mit meinen kurzen Beinen nicht. Hat voll Spaß gemacht.
Plötzlich waren auf der Sonnenallee zwei Autos. Hetty und Tessa nix wie hin. Ich wollte auch. Aber ich gehorche ja. Die "Elsen" nicht Muddi war stink sauer. Das war der Umweltmann, der wollte Bäume pflanzen lassen.
Die Mädels mussten an die Leine.

Zuhause hoch gegessen und in den Keller gepinkelt. Shit happens.

Tschüss bis morgen euer Alf

21.11. Heute haben wir ausgeschlafen. Ich durfte wieder mit im Bett schlafen.

Aber das war mir nicht ganz geheuer.

Die Muddi hat gesagt, wenn ich sie nicht schlafen lasse, setzt sie mich aus (da hab ich was falsch verstanden. Sie meinte raus-gesetzt - aus dem Bett, nicht ausgesetzt.)

Deshalb bin ich beim Papi rangekrochen. Pille im Bett, kurz pullern gehen und weiter ratzen, aber im Körbchen.

Es ist sehr kühl draußen, mein Mantel kommt wieder zum Einsatz.

Waren heute fix zum rumpesen ne halbe Stunde auf dem Platz. Nur wir alleine, war toll.

Nachher geht es zu Tante und Onkel, mal was Anderes erleben.

Von wegen Erleben .... wir waren nicht mal spazieren. Das Wetter ist zu eklig. Muddi hat uns Kauplatten mitgenommen. Ich knietsche ordentlich darauf rum und Hetty klaut mir dann die weichgekaute Scheibe. Ich geh dann petzen.

Im Übrigen geht das Lucy wieder richtig richtig gut.

Ich mach dann mal Schluss für heute, müssen um 18.00 Uhr noch zur Online-Demo ...

Bis denne euer Alf

22.11. Nachdem wir von Tante und Onkel zurück waren, konnten wir noch gemütlich im Körbchen ruhen. Ich habe sogar unten geschlafen. Muddi hat gestern gaaanz viel

für den Tierschutz getan, jaaa, meine Muddi. Im Spendenflohmarkt für Notfellchen hat sie ein Alf Buch zum Bieten eingestellt. Daraufhin hat eine, die liebe Ilona, 15 Bücher bei Muddi bestellt und die gleiche Summe, also 180,00€ für die Notfellchen gespendet das ist so grandios.

Nun denn, wir sind schlafen gegangen, morgens aufgestanden und haben unser Morgenritual gemeinsam genossen.
Unterwegs haben wir noch Lilly und Lola getroffen und einige Radfahrer. Kaum Zuhause kam schon der Menschenwelpe… da kann man nicht schlafen, zu unruhig, das kleine Ding war aber vorsichtig mit uns.
Nachmittags waren wir mit Papi unterwegs, als wir zurück waren, huch, war Besuch da, kannten wir noch nicht, haben wir aber für gut befunden. Sie hat uns ordentlich gekuschelt.

23.11. Heute bin ich früh aufgestanden, aber sowas von früh. Bin gleich mit ins Homofiss mit Papi. Irgendwann ist die Muddi dann auch aufgestanden und dann gab es endlich Vorfrühstück. Heute waren wir wieder mit den Jungs, also Papi und Onkel, unterwegs.
Muddi durfte zur Arbeit.
Ich musste meinen Bleimantel anziehen, der war so schwer, dass ich kaum laufen konnte, aber die Baustelle habe ich geprüft. Gerade noch geschafft. Nach dem Frühstück habe ich dann hier alles im Auge behalten. Die Mädels waren im Bett. Nun ist die Muddi wieder da und alles ist gut.

Bei der Nachmittagsrunde brauchte ich den Mantel zum Glück nicht anziehen, obwohl es ungemütlich war. Wir waren ganz alleine unterwegs, dem Sonnenuntergang entgegen.

Bis auf ein paar Idioten, die schon geböllert haben. Da bin ich aber stocksteif stehen geblieben und habe erstmal die Gegend sondiert.

Zuhause angekommen bin ich gleich ohne Geschrei in mein Körbchen und habe ordnungsgemäß auf meinen Zahnputzer gewartet. Was soll ich sagen, ich bin sooo gut.

Und die Modepolizei muss kommen, unsere Menschen ziehen uns doof an.

Kapitel 6: Der Seelentröster

Heute ist der 24.11 und ich bin seit 10 Monaten in Freiheit, die Zeit ist wie im Flug vergangen.
Was ich schon alles erlebt und gelernt habe, hätte ich mir in meinen Jahren im Labor niemals erträumen können.
Auf Menschen, die ich kennen gelernt habe, bin ich immer offen zugegangen. Denn wir Tiere sind nicht rachsüchtig und nachtragend.
Ich genieße mein Leben im Hier und Jetzt. Und das in vollen Zügen.
Vielen Dank an alle, die mir dieses Leben ermöglicht haben.
Muddi sagt, die paar Garstigen kriegt der Herr Karma schon zu fassen, so manche Bösewichte hat er schon erwischt.

Trotzdem ist heute ein ganz normaler Tag. Wir sind aufgestanden, ich hab das Wasserzimmer abgewartet und dann ging es los. Kaffee, Kuscheln, Dörrfleisch, Kaffee und ab vom Hoff.
Die Hunderunde war schon durch, wir haben sie nur gehört, also gab es viele Infostände im Wald. Auf dem Rest haben wir noch Winston und Ben getroffen, das heißt, Ben geht nicht weiter, ohne uns Hallo zu sagen. An meinen beiden Walkdamen bin ich deshalb einfach vorbeigezogen.
Tja nun sind wir gefüttert und können erstmal ausruhen.
Schwupps war schon mein Kumpel Eddy hier, mit seiner Schwester Piri und ihrer Muddi. Wir haben einen echt schönen Spaziergang gemacht. Allerdings hat Tessa Muddi die Flex Leine aus der Hand gerissen und sie und Hetty haben Rehe verfolgt, mit Leine dran zum Glück waren sie fix wieder da. Doofe Mädels! Eddy mag gerne bei uns sein, außerdem gibt es immer leckere Sachen, wenn Maja kommt.

Nun sind sie wieder wech und hier ist Ruhe im Karton. Nachti euer Alf

25.11. Guten Morgen ihr Sonnenscheine, ich hab gut geschlafen und bin fit. Kampfschmusen war angesagt. Die Großen werden aber auch gekuschelt, ich aber immer einmal mehr. Nach dem Vorfrühstück kam Onkel. Heute Morgen war es recht frisch, wenn nicht sogar bisschen kalt. Ich musste wieder den Bleikittel anziehen. Das war ganz gut, denn wir sind mitten in die Morgenrunde geraten, das sind alles wilde und große Hundejungs. Der eine Appenzeller ist sehr unerzogen, Muddi kriegt immer ne Krise. Naja, wir machen Platz und bedrängen niemanden …. jedenfalls sind wir unversehrt zu Hause angekommen. Ich glaube Hochfressen und Heilerde helfen schon. Ich huste weniger.

Es ist sonnig und 5 Grad deshalb zotteln wir gleich mal los... Sind heute zeitig los in den Wald. Kaum waren wir um die Ecke, schoss ein Hund auf uns zu. Ein ungarischer Jagdhund.
Wir dürfen nicht spielen, wenn wir an der Leine sind, also Hetty und Tessa. Jedenfalls, haben die Leute Muddi angemacht. Am Ende hat die Frau sich umgedreht und geglotzt. Als Muddi unfreundlich fragte, Ist was? Sagte die Frau: ich will mir deine Hackfresse einprägen und geh dahin wo du herkommst. Muddi: von hier.
Sie: kein Wunder, das du geistig unterbelichtet bist, wenn du nie aus dem Dorf rausgekommen bist.
Ja, nee is klar.* Hier Kommt ein Wutsmiley*
Wir sind aber mit und neben der Muddi gelaufen wie ihre Leibgarde.
War kein schöner Spaziergang.

(Anm. Muddi, ich hätte sagen sollen: Meine Hunde haben Flöhe und Giardien)
Aber zu Hause, wurde unser neuer Schnüffelteppich ausgepackt und wir haben toll gespielt, hab ich Gaby gezeigt.
Uuund Tessa hat sogar mit Snüffelteppich gespielt.
Nun warte ich auf eine Teppichwiederholung.
So, nur, weil es ein paar Blödmänner gibt, lassen wir uns doch die Laune nicht vermiesen.
Macht es euch muckelig euer Alf

26.11. Tessa hat heute Wecker gespielt. Oben auf dem Treppenabsatz gehockt und gebellt. Immer nur 1x, aber es war noch gar keine Aufstehzeit. War wiederum auch gut. Ich konnte länger kuscheln und schmusen. Gab trotzdem nur 1x Dörrfleisch. Onkel hatte frei und ist mitgekommen. Und wir haben noch Berry getroffen. Da freue ich mich immer. Der ist nicht so wild. Is ja ein Seniordog. Nach dem Frühstück durften wir noch Schnüffelteppich machen. Tessa findet das auch gut. Später bin ich mit Muddi zu Lilly und Lola, Tee trinken gegangen. Lola lässt eigentlich niemanden rein. Mich ja. Hab dann gleich mal an den Esszimmer Schrank gepinkelt Muddi ist im Erdboden versunken als sie wieder rauskam, hat sie mein Pipi weggemacht. Danach musste ich an der Leine in Sichtweite bleiben. Gerade wieder zu Hause sind wir zum Platz gefahren. Da war Pepe ein schneller Läufer. Gut für die Mädels. Zu Hause, beim Aussteigen hat mich mal wieder die Autotür erwischt. War nicht sooo schlimm, bin schnell nach Hause geflitzt, Zahnputzer abholen. Ich armer Alf
Gemeinsam haben wir dann noch geschnüffelteppicht. Ohne zanken.
Dreamteam eben, ciao Alfman

27.11 Boah heute sind wir vor dem Wecker aufgestanden, Muddi musste zur Arbeit, also war unsere Zeit knapp. Trotzdem wird das Morgenritual richtig zelebriert.
Wir sind los und es war kalt und neblig, aber ich bin ja die Vorhut und kenne den Weg. Wir waren nicht so lange unterwegs wie sonst, macht aber nix. Muddi sagt, manche Hunde gehen nicht mal 30/40 Minuten. Nach dem Frühstück konnten wie nochmal kurz raus. Dann gab es ein Kauteil und weg war die Muddi.
Als sie endlich wieder da war, gab es erstmal einen happy Dance.
Und erstmal als der Papi kam, durchdreh Alarm, naja, mach ich beim Best Postman auch. Eigentlich bei allen, grins...
Jetzt sitzen wir hier und der Kamin brennt und ich soll allen Ernstes noch raus, is kaaalllt brrr.
Was soll ich euch sagen, der Papi mit fetter warmer Jacke und ich hab nix anzuziehen musste ich eben bisschen schneller auf dem Platz rennen .... na, ich hab vielleicht gebrüllt, als wir zu Hause waren: TÜR AUF, TÜR AAAUUFF , TÜÜÜR AUF. Hat geklappt.
Zahnputzer auch, jetzt ist Feierabend.
Tschüss euer Alf

28.11. Wochenende, ausschlafen, noch ein bisschen mit im Bett faulenzen. Voll toll. Nach dem Aufstehen läuft alles wie gehabt. Kuscheln, kuscheln Vorfrühstück, mehr Kaffee. Und wenn. Der Papi vom Brötchen holen kommt, dann können wir ihm immer noch ein zweites Frühstück aus dem Kreuz leiern. Das klappt immer. Muddi sagt, ist kalt, Mantel an. Papi, nein geht so... ich "Juhuuuu" also, innerlich was 'n Glück auch.

Mantel bleibt zu Hause. Heute war das Wetter nix für die Schönwettersportler. Zu kalt und neblig. Wir haben nur jede Menge Hundekumpels getroffen. Zum Glück ohne meinen peinlichen Bleikittel. Zuerst trafen wir auf Lilly, Lola und Berry. Kleines Pläuschen gehalten dann kamen Yuma und Zora, zwei riesen Wischmöpse, also Briards. Etwas hochnäsig die beiden. Zum Schluss haben wir noch Felix getroffen.

Und ich habe "Fuß" gehen trainiert.

War ne gute Hunderunde.

Später haben wir dann noch geschnüffelteppicht und das Boxenspiel gemacht, das macht Spaß und ist lecker.

Mit dem Papi haben wir dann noch eine Nachtwanderung gemacht, um 16.15Uhr, nun liegen wir gemütlich vor dem Kamin. Nachti euer Alf

29.11. Sonntag, wir haben uns den Morgen wieder gemütlich gemacht, mit allem Drum und dran.

Heute war mehr los im Wald, war auch nicht so kalt. Der Papi sagt, die Geschäfte haben zu, deshalb sind alle im Wald, solange die uns nicht umfahren, ist alles gut.

Bei uns hinterm Haus im Durchgangswald hat ein Tier gebuddelt und hingemacht, also gekackt.

Wer war das? Ein Waschbär vielleicht. Tessa bellt ja abends auch immer in den Wald.

Frühstück auf dem Hocker funktioniert ganz gut. Nächste Woche soll meine Futterstation fertig sein. Wir sind gespannt.

Nachdem Onkel und Tante gekommen sind, sind wir als Männerrunde bald losgezogen, aber erst im Dunkeln zurückgekommen. Obwohl es schon dunkel wurde, waren noch viele im Wald unterwegs, alle Hunde angeleint.

Zuhause gab es den Zahnputzer und danach Schnüffelspiele. Hetty hat den Teppich geschnappt und umgedreht ins Körbchen geworfen, das durfte sie gar nicht! Muddi hat das dann wieder repariert. Wenn die Großen keinen Bock mehr haben, fange ich erst richtig an.
Bis zum letzten Krümel. So, das war's für heute.
Liebe Grüße euer Alf

30.11. Montag, heute musste ich wieder zeitig aufstehen. Bis 8.00 müssen wir alles erledigt habenkuscheln, Tablette, Vorfrühstück, Kaffee .... Onkel ist zum Spaziergang gekommen. Dann kann er nochmal ohne Maske lüften. Ich musste den Bleimantel anziehen. Wir dachten schon, der Wald gehört uns alleine denkste Puppe, die Morgenrunde war wohl früh dran. Aaabber ICH hab sie eingeholt. Bin einfach hingebeagelt. Die sind ja nicht zu überhören .... Muddi hat Tessa hinterhergeschickt. Hab natürlich wieder Mecker bekommen und musste an die Leine, weil ich lieber Bonbons abstauben wollte. Nix darf man, na warte....
Zuhause gab es Frühstück und dann Pause. Mein liebster Postman war auch hier und hat die Bücher gebracht.
Irgendwie war es plötzlich schon wieder losgehzeit. Hab zwei Kumpels getroffen, allen wollen noch vorm dunkel werden zu Hause sein. Haben wir geschafft. Legger Zahnputzer und dann kam es knüppeldick, Muddi wollte oben aus dem Homofiss was holen. Ohne Vorwarnung stand in Socken in einer riesen Pinkelpfütze.

Hab ich doch gesagt ....wenn ich Mecker krieg, mach ich das eben. Bin eben ein sensibles Wesen. Muddi hat ganz andere Worte dafür.
Jetzt ist sie barfuß, das Zimmer ist gewischt und ich muss ins Körbchen ...

01.12. die ganze Nacht mit im Bett geschlafen… zugedeckt heute ist Homofisstag, aber ich bin liegen geblieben, später musste ich auf dem Bett rausgehoben werden. Nöööö Schietwetter, ich will mal nicht raus, so gut wie die Muddi hätte ich das auch gerne, die brauchte nicht mit.

Vorher gab es natürlich unser Morgenritual. Unterwegs war nix los, sagt der Papi. Zu Hause umso mehr, Feuer ist an, das macht schläfrig. Dann haben wir Kopfarbeit gemacht und ich habe Muddi beim Schrankaufräumen geholfen ...

Nun ist erstmal wieder Pause.

Und ich gucke Feuer, die Mädels sind oben, zu warm hier. Später hat Muddi gesagt, sie muss dringend kontrollieren ob im Wald wirklich nix los ist. Dabei wollte sie sich nur vor dem Einkaufen drücken.

Als wir wieder zu Hause waren, kam die Muddi von Amy Laborschwester auf einen Kaffee vorbei. Amy musste zum Zahnarzt, war nur Zahnstein, ein Glück hab ich meine Zahnputzer.

Ach ja, im Wald war wirklich nix los.

Meine Futterstation ist angeblich fertig, aber wir kriegen die erst Sonntag zu sehen. Voll fies!

Euer Futterspielterrorist Alf

Die Muddi hat was für den Lichtermarsch Samstag in Neugraben gebastelt, und hat das tolle Schild von Maja dazu bekommen. Die Lichtermärsche finden überall statt!

02.12. Heute musste der Papi wieder los und wir sind gleich aufgeblieben. Alle Mann immer schön trappel trappel durch Schlafzimmer. Bisschen rumnerven. Am Ende ist die Muddi hoch, hat Hetty rausgelassen. Mich, und einen Pott Kaffee ins Bett geholt, um dann immer noch ne halbe Stunde vor

der Zeit aufzustehen. Als Onkel dann endlich kam, ging es los. Mit Mantel. Tessa ist im Moment die Vorzeigeprinzessin, mich muss man immer wieder anmahnen bei zu bleiben. Tja, die Morgenrunde haben wir auch gehört. Ich wollte da unbedingt hin. Nix da, Freiheitsberaubung! Ich wurde angeleint .... am Ende haben wir sie doch getroffen. Der abgedrehte pöbelige Appenzeller wie immer auf Krawall gebürstet ....
Der ist angeblich nur so, weil wir angeleint sind… ja, nee is klar. Zu Hause gab es dann Frühstück und dann das Bäuchlein ausruhen.

Also nee, heute war es gar nicht nett. Erst geht die Muddi weg, kommt bepackt wieder, ich kreische und kratze an der Haustür.
Was gab es? Mecker! Ab ins Körbchen und runterkommen. Keiner hat mich lieb, dann war den ganzen Tag Baulärm, ein Brummen und rattern, wir haben alle Kopf ....
Der Spaziergang war auch doof. Wir waren in der Heide und ich musste auch an die Leine. Bin immer zu weit vor und hab nicht gehört. Zack, kurzer Prozess an die Leine und Fuß gehen .... na wenigstens mein Zahnputzer war gut. Nun ist der Papi wieder da, jetzt habe ich wenigstens einen Verbündeten.
Eins muss ich euch unbedingt noch erzählen, seit einer Woche muss ich abends zum Pinkeln nicht mehr rausgeschleppt werden. Ich laufe auf meinen eigenen privatpersönlichen vier Pfoten raus. Jaaa, seit dem wir die kleinen Sardinchen haben und ich eine zur Belohnung bekomme, klappt das einmal mit der Dose schütteln und ich eile …
In diesem Sinne, Nachti Freunde

03.12. Moin, heute ist wieder Homofiss. Das ist schön, wenn das Superrudel zusammen unterwegs ist.

Och, heute gab es gar kein Vorfrühstück, hat die Muddi vergessen vor lauter Heilerde Verabreichung.

Also in einem Artikel stand, wenn Heilerde mit dem Futter gegeben wird, verhindert es die Aufnahme von allem Möglichen. Ogoddogott

Außerdem fressen die Großen schon wieder Bambus und kotzen das dann ins Körbchen. Hmmm

Jetzt kriegen wir alle Heilerde als Vorvorfrühstück (sie dreht jetzt wohl durch)

Dafür war der Spaziergang toll, wenn auch eiswindig, aber ich hab Mantel.

Am Ende haben wir noch die drei netten älteren Hundeherren getroffen. Brax, Ben und Winston. Das war sehr chillig und entspannt.

Muddi hat versprochen es gibt gleich noch Dörrfleisch, jepp geklappt.

Nach dem Homofiss waren wir zusammen los. Es dämmerte schon ... und Tessa hat ein Wildschweinchen aufgescheucht. Ich durfte nicht hinterher, sondern musste sicherheitshalber an die Leine. Muddi hat laut "ARAMSAMSAM.....   AARAMMSAAMSAAM..." gesungen. Nun aber fix nach Hause zum Zahnputzer und Feierabend. Bleibt gesund und munter euer Alf

04.12. Freitag, eigentlich mein Lieblingstag, aber heute nicht. Die Muddi ist traurig, das merke ich genau. Ich bin ein Supertröster, genau wie Hetty, nachdem wir aufgestanden waren, gab es alles wie immer. Plötzlich stand unser Menschenbruder vor der Tür und war mit spazieren. Man war ich über meinen Mantel froh. Es war eisiger Wind mit nass, brrrr voll ungemütlich. Obwohl, Wind ist ja Himmel der sich traut uns zu streicheln ....

Heute geben sich die Freunde hier die Klinke in die Hand, ich komme gar nicht zu schlafen. Aber Muddis liebe Freundin Petra, ist gestern gestorben. Der Krebs hat sie besiegt.

Muddi sagt, man muss weinen, wenn man traurig ist. Das ist gesund, fast wie Heilerde.

Ja, so ging es den ganzen Tag, bis abends. Die Nachmittagsrunde ist Heidi mit uns mit gegangen. Stellt euch vor, da kam ein fremdes großes schwarzes Hundemädchen lang. Hey, die fand mich sogar in meinem Mantel attraktiv.

05.12. Morgens durfte ich noch ein bisschen mit ins Bett. Nach dem Aufstehen haben wir natürlich unser Morgenritual erledigt und dem Papi noch ein extra Leckerli abgeluchst. Muddi kommt heute nicht mit spazieren, dafür kommt Onkel Nummer zwei, nach viel zu langer Zeit mal wieder mit.

Hat Spaß gemacht. Hetty hat die Gelegenheit genutzt und sich ganz prima in etwas Stinkenden gewälzt.

Sie wurde geschrubbt und musste draußen frühstückten

Muddi geht heute Nachmittag zur Demo, mit Tante und kämpft mit für die Tiere die noch in Tierversuchslaboren leiden. Da können wir nicht mit. In Liebe euer Alf

132

06.12. Es ist Sonntag und wir mussten zeitig aufstehen, heute kommt Penny zum Spaziergang. Uunnd meine Wunderbar kommt. Und Nikolaus kommt auch .... volle Bude würde ich sagen ja und dann war sie da. Meine Futterwunderbar.

Natürlich gab es auch Vorfrühstück mit allem Drum und Dran. Frank und Claudia haben uns auch noch schön vollgestopft. Geklaut habe ich auch. Der Papi hat paar Hunde Nikoläuse zerkleinert und die Tüte wieder in den Kellertransportkorb getan, zack was stibitzt. Erwischt worden. Das muss ich noch üben, Ninjatechnik!

Später hab ich mir aus Claudias Tasche auch noch Bonbons geklaut. Muddi sagt, morgen gehen wir auf Diebestour, einen Juwelier, ausrauben.... Ich kann das, Taschendiebstahl klappt ja.

Wir mussten eine grooßeee Runde gehen, war aber gut. Penny wurde noch zum Frühstück eingeladen. Danach sind wir alle von der Müdigkeit überrascht in einen Dornröschenschlaf gefallen. Nachmittags kamen Tante und Onkel, aber wir hatten keine Lust los, mussten aber. Zahnputzer und nur noch ausruhen was soll ich euch sagen, ich hab's nicht leicht ....

07.12. Oller plöder Montag, früh aufstehen und beeilen, die Muddi muss arbeiten gehen. Aber, so viel Zeit muss sein um angemessen zu kuscheln. Onkel ist ganz alleine mit uns gegangen. Wir haben voll gepennt, als die Muddi kam und dann war die Freude groß aber statt mit mir zu kuscheln, rennt sie hin und her und rauf und runter oder streichelt immer so ein Ding in ihrer Hand, Handy heißt das. Es ist klein, tut gar nix aber sie fasst das immer an, aber ich will ihre Hände, also drängeln ich mich immer dazwischen.

Soll sagen, wir haben nochmal Bücher bestellt.
Die Nachmittagsrunde war lahm, Muddi hat sich vertreten
und schleicht durch die Pampa voll doof.
Und wir haben heute ein Ü-Paket bekommen das meiste ist
für uns und eins will ich euch mal sagen, die meisten
Menschen sind gut, Muddi sagt, ich habe Zauberkräfte, ich
zaubere jedem ein Lächeln ins Gesicht und Licht ins Herz.
Bleibt gesund und zuversichtlich euer Alf

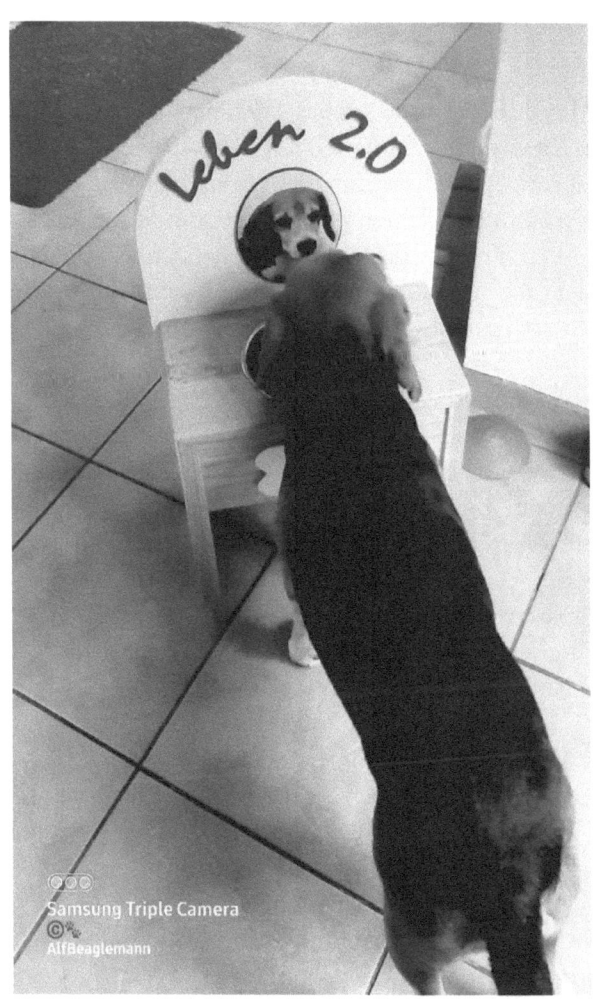

Wunderfutterbar

08.12. Heute is ja was los hier ... die Nacht war auch unruhig. Die Muddi ist kaputt, sie hat Hexenschuss und kann sich kaum bewegen. Zum Glück ist Onkel Nr.2 heute eingesprungen und ist mit uns gegangen. Muddi sagt, den Juwelier können wir heute nicht ausrauben, sie kann weder wegrennen, noch die Fluchtwackelkiste fahren. Dann begnüge ich mich weiterhin mit Taschenkontrolle und Mundraub. Ist wohl besser so. Taschentücher gehen auch ...

Heute Nachmittag durfte Onkel Nr.2 uns in unserer Wackelkiste kutschieren. Die Muddi hat aber lieber aufgepasst, wir sind zum Platz gefahren. Die Großen haben gleich wilde Sau gespielt. Ich habe mein Können im Parcours vorgeführt. Lautlos und schnell wie ein Ninja jaaa da hat der Onkel Nr.2 gestaunt.
Muddi ist immer noch schrottig, aber morgen lässt sie sich reparieren. Ein Gutes hat es ja, das Rüsselmonster bleibt im Stall, bis denne euer Alf

09.12. Boah, heute hat die Krachmaschiene mich voll aus meinen Träumen gerissen, viel zu früh. Muddi ist aus dem Bett gekrochen, ich nicht, nööö! Nach einer Ewigkeit sind wir dann runter, Kaffee, Kuscheln, Dörrfleisch .Ich klettere, wenn wir auf dem Sofa sitzen, jetzt immer an Muddi hoch, Kopf an Kopf, meine Schnute am ihrem Hals reiben. Ich verfeinere meine Kuscheltechnik

Plötzlich zieht die Muddi die Jacke an, wir voll freu und so, aber sie verschwindet ohne uns und ohne Spaziergang. Sowas gab es noch nie.

Juhuuu, plötzlich stand Onkel vor der Tür. Freudentanz und los gings. Als wir wieder zurückkehrten, war Muddi wieder da und Essen fertig.

(Muddi war zur Reparatur) nun liege ich wieder auf Kuschellauer.

Ja, mein Opfa kann ja nicht abhauen... spazieren waren wir nachmittags nicht. Ist nicht schlimm, wir haben ja den Garten, außerdem haben wir alle Schnüffelspiele gespielt, der Kamin ist an, dass macht müde.

Schlaft auch gut, euer Alf

09.12. Als der Papi um 19.30 endlich zu Hause war, haben wir noch die Pillengabe abgewartet und sind ne schnelle Panzerwaschanlage Runde gegangen.

Erst wollte ich nicht mit, war zu düster.

Sind ja die Waschbären und so unterwegs, aber ich bin mutig mitgegangen, hatte ja meine Warnweste an. War aber froh, als wir wieder zurück waren. Und dann musste ich kuscheln und mochte gar nicht mehr aufhören.

10.12. Die Muddi läuft immer noch nicht rund, aber sie läuft...langsam...langweilig.

Nach unserem Morgenritual sind wie vier losgeeiert. Als Erstes haben wir Ben und Winston getroffen. Das war's auch schon. Dann im Schneckentempo die Panzerstraße bis zum 3. Ausgang. Tessa hat das gleich ausgenutzt und ist stiften gegangen. Deshalb durfte Hetty nicht mehr ab. Wir waren schon abgefüttert, da kam die Tessa erst nach Hause. Pfff, das gehört sich nicht. Ich bleibe lieber in Muddis Nähe. Was soll ich euch sagen, das Rüsselmonster durfte auch raus. Muddi sagt, es kriegt sonst Verstopfung von unseren Haaren. Ich bin auf dem Sofa geblieben, das Monster tut ja nix.

Aber ich hab heute was Verbotenes gemacht, ich hab in den Keller gekackt warum das immer noch passiert... keine Ahnung, zur Nachmittagsrunde ist Onkel Nr.2 mitgekommen, zu Hause hat dann schon der Menschenwelpe gewartet. Nun ist Ruhe im Karton und ich chille. Knutscha euer Alf

11.12. Freitag ist ja Beagletag, also muss ich Muddi mit Beaglehaaren, eher Beagleglitzer beglücken, mach ich sowieso aber heute extra doll ... Vorfrühstück war prima, wie immer. Danach ist Onkel gekommen und ist eine grooißeee Runde mit uns gegangen. Hetty ist wie ein Känguru durch die Heide gehüpft, ich wollte auch, aber meine Beine sind zu kurz und der Bleimantel hält mich am Boden. Trotzdem war das eine tolle Runde. Muddi hatte schon Essen fertig, zum Glück, ich hatte voll Hunger. Habe ich ja immer. Ich wollte euch nochmal was verraten. Ich jage nicht, weil Muddi immer Bonbons auf Tasche hat, deshalb folge ich auch so gut. Nicht weitersagen, ich habe einen Beagleruf zu verlieren.
Nachmittags waren wir nochmal mit Onkel unterwegs, war voll gut.
Bin mit Hetty einen Berg rauf und runter gerannt. Papi hat auf der Arbeit mit Fotos uns angegeben. Die Antwort war:
Oh, ist die hübsch. (Hetty)
Oh, ist die süß. (Tessa)
Ach, ist der putzig. (Ich)
Pfff ich bin nicht putzig,
sondern cool. Oberbeaglecool, Menno!
Nun liegen wir wieder faul vorm Kamin und freuen uns, ein warme,s gemütliches, sorgenfreies Heim zu haben.
Knuddelt eure Zwei-und Vierbeiner von der Muddi und mir, euer Alf im Glück.

12.12. Ich bin wieder mit ins Bett gekrabbelt, bis Muddi aus dem Nest gekrochen ist. So gemeinsam in den Tag zu starten ist toll. Wir haben Kekse und Dörrfleisch gefuttert und Kaffee getrunken. Dann ist Onkel Nr.2 gekommen. Er sagt, er heißt "Wonkel".

Das ist Witwer-Onkel denn Tante Nr.2, Muddis Freundin ist über die Regenbogenbrücke gegangen. Zu all meinen verlorenen Geschwistern. Sie hat immer Bonbons dabei und wird gut für alle Sorgen. Naja, Wonkel braucht Fell zum Liebhalten und wir freuen uns über Abwechslung und viele Bonbons.

Also die Runde war ganz prima und wir waren Fotomodell. Muddi hat zu Hause mit dem Essen gewartet. Nachmittags waren wir auf dem Platz mit Ruby und Paula. Die nerven mich, aber die Großen finden die gut.

Stellt euch vor, die Muddi ist ein Beaglesammler jaaa, aber nicht für zu Hause! Sie hat Milow gefunden, einen Laborbruder, der ist auch 5 Jahre alt. Er hat zwei Schäfermixbrüder und hat ein schönes Leben. Er hat auch im April Geburtstag und ist im Januar zu seiner Familie gekommen.

Erst hatte er die gleichen Probleme wie ich und all die anderen. Konnte nicht essen, trinken, hatte keine Muskeln und war kränklich. Nun ist er fit und glücklich, genau wie wir anderen.

Hey, ich werde hier Boss! Habe Tessa vom Chefsessel gescheucht, sie hat gefaucht, aber hat mich nicht beeindruckt ... nun bin ich der König der Welt.

So, nun ist spät und Hoheit legt sein müdes Haupt zur Ruh

13.12. Heute habe ich mir mit dem Papi einen Schnarchkontest geliefert, Muddi hat verloren, sie ist aufgestanden, dann bin ich natürlich auch aufgestanden und Hetty auch ...

Wir haben Wonkel wieder mit auf die Runde genommen. Der knipst so gut. Es waren viele Radfahrer „in nett" unterwegs, keine Radraserchaoten.

Einen Fußläufer in Gummilatschen wollte ich mir aus der Nähe anschauen, da hat der nach mit getreten. ... na da hättet ihr Mal meinen Papi erleben sollen.

Das darf man nicht, man tritt nicht nach Tieren. Böser Mann! Muddi sagt, vielleicht ist krank im Kopf, genau wie die Tier Experimentatoren....

Naja, in den sozialen Medien sind auch welche unterwegs, die wieder alles verdrehen und sinngemäß sagen, durch mein Buch müssen andere Tiere vielleicht sterben.

Aber wir wollen ja, dass es gar keine Labore mehr gibt!

Ich habe gesagt, wir haben nix Falsches oder Verbotenes getan.

Hey, ich bin jetzt Cheffe, hatte ich das zufällig erwähnt.

Ich hasse meinen Mantel, wenn ich den anziehen soll, verstecke ich mich, aber die kriegen mich doch.

Heute haben wir wieder zusammen geschnüffelteppicht. Hetty hat dann einfach den Teppich in ihr Körbchen getragen. Ich dann, heimlich von hinten, angeschlichen .... da hab ich voll eins auf die Nase gekriegt und geschrien wie am Spieß, nix passiert ... ich bin wohl doch noch nicht Boss.

So, bis denne und seid vorsichtig und lasst euch nicht unterkriegen euer Alf

14.12. Montag, Muddi ist wieder in einwandfreiem Zustand, nach dem Aufstehen ging hier alles zack zack.
Kuscheln, Kaffee und Dörrfleisch.
Heute am Tag des Affen, sag ich euch mal, wie der Menschenwelpe mich nennt: Affe oder Alfe.
Dann kam auch schon Onkel und ich brauchte auch keinen Mantel anziehen. Muddi hat gesagt, unter 4 Grad gibt es keine Diskussionen, Mantel an! Heute waren 6 Grad.
Muddi hatte voll viel Vergnügen, weil sie endlich wieder raus konnte.
Aus diesem Grund hat sie mal drüber nachgedacht, dass ich fünf jahrelang kein draußen kannte, nur den außen Zwinger, mit Betonboden und Gitter.
Nach der Runde hat sie sich dann noch beschwert, weil sie 12 Pfoten abtrocknen muss.
Soll sie es doch lassen. Finden wir sowieso besser.
Frühstück, chillen und gut.
Heute Nachmittag waren wir allein unterwegs, mit ohne Mantel. Nix los im Wald.
Übrigens Muddi hat die Befürchtung, dass das LPT Mienenbüttel wieder bezogen wird, als Tierheim. Das darf wohl nicht wahr sein.

15.12. Also, ich kann mich dran gewöhnen, dass die Muddi immer zu Hause ist, trotzdem stehen wir früh auf. Heute war es noch dunkel aber Pillenzeit. Nach unserem gemütlichen Morgenritual ging es los, keinen Mantel jippii.
Denkste draußen kam dann der Leuchtekittel ...
Nachdem wir die Morgen-Hunderunde hinter uns gelassen hatten, ging es entspannt weiter. Irgendetwas war im Wald unsere Nasen gingen ganz hoch, und wir haben geschnuppert. Ich kann das jetzt auch aber ich weiß immer noch nicht wozu?

Ach, ich war froh, als wir wieder zu Hause waren, endlich was zu futtern, dass mit der Heilerde im Futter ist gut. Ich huste eigentlich nur noch nach dem trinken und spuck die Hälfte Wasser wieder aus.

Macht nix, die Muddi hat Wischmöpse.

Zur Nachmittagsrunde hatte ich keine Lust. Nieselregen, Warnweste an. Menno. Tessa hat erfolglos einen Turbo Hasen gejagt. Hase....... 10 Sekunden später Tessa. Hinterher wieder humpeln, dusselige Schwester. Wie gesagt, ich hatte keine Lust, bin der Muddi hinterhergeschlichen, wie ein Gänseküken, als Fersenkleber. Zuhause angekommen, haben wir nicht mal gemerkt, dass der Papi schon da ist. Schon etwas unangenehm ...

Die nächste Zeit muss Tessa wohl wieder online gehen, wie Beagle Oscar, ich laufe ja immer offline.

Oscar war auch beim Fressnapf zum All-you-can-eat Buffet, da will ich auch hin. *Wasserlaufzusammen im Mund*

Ich mach solange noch Sport Beagle reck dich, Beagle streck dich. Muss ja abnehmen.

Knutscha euer Alf

16.12. Boah, heute war ich müde, deshalb hab ich mich noch einen Moment ins Bett heben lassen. Bin dageblieben bis Muddi das Wasserzimmer hinter sich hatte. Danach bin ich auch aufgestanden, runter, Pille, Vorfrühstück.

Dann haben wir erstmal unseren Kontrollgang gemacht. Ja, Muddi hat ihr eigenes Security Team.

Aber war es warm, also nur im Pelz raus.

Dann war auch noch Nebel, da liegen förmlich alle Gerüche auf der Straße .... ich war schnell unterwegs heute, musste immer zurück rennen. Die Großen hatten auch ihren Spaß. Der Wald war ganz ruhig, Muddi fand das schön

Muddi sagt, wir Laboris sind ganz besondere Hunde, wir lassen uns mit Herz und Seele auf unsere Menschen ein.
Wir lieben voll und ganz. Muddi sagt, ich bin ein Seelenhund.
Naja, dachte ich bin ein Beagle Hund. Auch gut, Hauptsache Bonbons.
Nachmittags haben wir den Wonkel überredet mit zu kommen. Ein Glück, denn es war schon wieder Völkerwanderung, hmm komisch... aber wir sind ne ordentliche Runde gegangen. War aber froh, als ich auf dem Sofa schnarchen konnte. Heute sind die Bücher angekommen, soll ich sagen. Bis morgen dann, Alf

17.12. Donnerstag und der Papi macht endlich mal wieder Homofiss das heißt, nach dem Morgenritual gehen wir zusammen spazieren heute war es regnerisch, also nix los in der Pampa. Tessa ist ja unsere Floristin, jeder Halm, Strauch, Busch muss von oben bis unten bis oben in Zeitlupe abgerüsselt werden. Ich denke ja, sie kann nicht richtig lesen mich interessieren die Nachrichten kaum und Hetty liest nur Überschriften. Heute hat der Himmel rot geleuchtet, Muddi war ganz hin und weg. Mehr war heute Morgen nicht los.
Oha, heute Nachmittag war Besuch hier, Mahnwächterin Celin, die haben wir gleich mit in den Wald geschleppt. Wir sind zum geschmückten Baum gegangen. Vorher haben wir noch die Bonbonheike mit Raika, Pumba und Bella getroffen. Gab aber keine Bonbons, außerdem war Nieselregen und die Wege waren matschig. Iigitt, mag ich gar nicht an den Pfoten haben. Zuhause hat der Papi den Kamin angemacht, damit wir besser trocknen. Ach wie gemütlich, da werde ich immer müde. Ich musste Celins Tasche erstmal kontrollieren ob da was für mich drin ist.

Nööö, aber Muddi hat was reinplumpsen lassen, mal was anderes als den Schnüffelteppich. So nun ist Feierabend hier.

Und gute Besserung an alle 2 und 4 Beinern denen es nicht gut geht, euer Alfman

18.12. Freiiitag, Beagletag, mein Tag alles gut heute. Onkel ist gekommen und wir haben unterwegs Berry getroffen. Der hat sich soo gefreut uns zu sehen. Er ist rumgehüpft und hat gebellt, ja Corona Quarantäne ist auch für Hunde blöde. Wir waren beim Weihnachtsbaum Futter anbummeln. Auf dem Rückweg haben wir noch den Braxmann getroffen der ist auch mein Kumpel. Dann hat die Muddi uns mit einen großem Kauteil rausgeworfen. Sie wollte alleine mit dem Rüsselmonster fangen spielen, es verfolgt sie immer. Das ist ja eigentlich mein Job. Das Rüsselmonster von Berrys Muddi hat seinen Schwanz gefressen. Stellt euch das mal vor, ich war lange draußen beschäftigt, ich war ganz aus dem Häuschen, als ich reingerast kam. Ich kann Buddeln, guck mal meine Pfoten an. Nun muss ich erstmal wieder schlafen. Nachmittag treffen wir uns mit Jeff. Jeff ist ein höflicher sanfter Zeitgenosse, auch mit Migrationshintergrund, wie meine Schwestern. Wir sind eine Runde zusammen gelaufen, war ganz entspannt. Obwohl nachmittags habe ich gar keine Lust, da Trödel ich nur rum. Es war auch wieder Völkerwanderung und ein Pferd.

Jeff und seine Muddi sind noch bei uns durch den Garten gekommen, da lagen noch Knabbereien Reste auf dem Rasen, da sind die Mädels bisschen fünsch geworden. Beim Essen hört die Freundschaft auf. Haben den armen Kumpel ordentlich angepöbelt. Tss tss, keine Manieren. So, endlich Ruhe hier. Bis denne euer Alf

19.12. heute am Samstag haben wir schön ausgeschlafen. Gemütlich gefrühstückt und dann kam der Wonkel zum Spaziergang.

Meine Muddi konnte nicht mit, sie musste kurz die Welt retten.

Jaa, so ist das hier. Bei der Nachmittagsrunde waren wieder viele Radrennrowdys unterwegs. Hetty ist hinter beiden her, ich auch, ich bin ja der Rüde im Rudel. Und Kawa-Lier oder wie das heißt, Gentleman eben. Aber dann kam das Abbruchkommando und Stopp!

Zack zurück. Als wir zuhause ankamen, gab es legger Zahnputzer und was Feines, sodele das war's dann erstmal.

Knutscha euer Alf

20.12. Sonntag, bisschen länger schlafen. Heute haben wir mal vom Papi Vorfrühstück bekommen. Die Muddi wollte heute gar nicht aufstehen, musste sie aber trotzdem. Heute war wieder Jungsrunde, der Wonkel war mit im Wald. Keine Sorge soll ich sagen, hier läuft alles Corona konform!

Es war gar nicht viel im Wald los, tja, schlechtes Wetter ist halt gutes Wetter.

Nach dem Frühstück hatten wir noch bisschen Zeit zum rumfaulen. Nachmittags sind wir dann zu Frank und Familie mit der Wackelkiste gefahren. Ey echt, ich war noch nie so lange wo anders.

Ich hab erstmal in die Bude gepullert. Und dann haben die Glastüren und dahinter wohnen Katzen jaa, zwei Stück. Hetty und ich haben gefiept, wir wollten hallo sagen, Tessa hat gebellt. Ich glaube, unsere Jägerin wollte die fangen. Penny hat gleich gesagt, lass den Rüssel davon, die hauen ....

Endlich nach Hause. Ich bin vom Auto so schnell in mein Zuhause gerannt, so schnell, dass meine Tragflächen senkrecht standen.

Ach wie schön. Endlich entspannen und ins Körbchen kuscheln. Was soll ich euch sagen, zu Hause ist es am schönsten, und da wo meine Kuhle im Körbchen ist.

21.12. Montag alles wie es soll, schöner Alltagstrott, das liebe ich und ich weiß wie mein Tag aussieht. Zu viele neue Abenteuer kann ich nicht. Deshalb ist heute genau alles richtig. Kuscheln, Vorfrühstück, anziehen und los. Nix los im Wald wir haben uns kurz mit Jack unterhalten und dann weiter. Meinen Beaglerennkanal rauf und runter gedüst. Seitenwände aus Heidekraut. Sicher ist sicher.

Tessa hat wieder was Verbotenes gemacht, Pferdeäppel gefressen, Muddi war sauer, aber Tessa hat ihr die Mittelkralle gezeigt und ist einfach an und vorbei galoppierte. Kurz darauf kam sie dann doch zum Anschnallen.

Nun haben wir gefrühstückt und machen erstmal ein Schläfchen. Heute Nachmittag hat Muddi uns in den Gremlin gequetscht, (Das ist ein alter Polo) um mit uns zum Platz zu fahren. Die Mädels waren mit Hope verabredet und ich musste mit.

War ganz okay, ich hatte ja einen Mantel an, später ist noch Calliou auf den Platz gekommen, ohne seinen Papa. Der musste draußen bleiben, hat uns dafür aber mit Bonbons vollgestopft, als wir nach Hause kamen, war der Papi schon da, nun ist Feierabend. Dicken feuchten Hundekuss euer Alf

22.12. Dienstag, der Papi macht Homofiss und ich bin schon seit 6.30 Uhr im Controlling tätig. Also, ich liege oben auf dem Bett und schlafe ... es regnet ganz fürchterlich heute Morgen. Keiner will raus. Naja, nachdem die Muddi dann aufgestanden ist, bin ich mit runter, kuscheln und so. Vorfrühstück gibt es erst nachdem einer draußen war. Das war der Papi.... der hat Brötchen geholt.

Unsere Morgenrunde ist eher klein ausgefallen, sonst wären uns Flossen gewachsen. Es hat ewig gedauert, bis wir uns trocken geputzt hatten, obwohl wir abgetrocknet wurden.

Wenn man sich überlegt, vor einem Jahr haben sie mir im Labor nochmal vergeblich meinen Bauch aufgeschnitten. Ich lag alleine in einer Box, hatte Schmerzen, konnte nicht zu meinen Geschwistern. Meine Muddi macht dieser Gedanke unendlich traurig ...

Ach, das ist doch Vergangenheit, alles ist gut geworden für mich, außer dieser Mantelgeschichte heute wird es gar nicht hell draußen und wir wollen auch gar nicht raus. Haben uns wegverkrümelt, auch die Großen....

Haa, heute durften wir wieder drinnen Futterspiele machen. Wie gesagt, draußen ist nix gut. Bin mit Papi in den Keller gegangen. Er hat Wasser abgelesen, ich hab Wasser gelassen. Nun ist der Wischmops wieder im Einsatz. Ich heiße jetzt Pipialf... nicht mehr Heideprinz.

23.12. Es ist Mittwoch, morgen am 24.12 bin ich schon 11 Monate in meinem für immer zuhause ja, die Zeit ist schnell vergangen und aus mir ist ein stattlicher Beaglemann geworden danköö.

So, nun zum Wesentlichen aufstehen, Pille, kuscheln, Dörrfleisch und Kaffee. Danach kann man uns auf die Welt loslassen. Heute ist Onkel mitgegangen, es war schön kühl und neblig, aber menschenleer. Kurz nachdem wir zurück waren, fing es an zu regnen, hört auch nicht auf. Egal einrollen und Augen zu.

Also eigentlich sollte ich ja mit zum Hundeplatz, aber ich habe mich erfolgreich geweigert. Ich bin doch nicht bekloppt. Bei so einem Wetter schickt man keinen Hund vor die Tür! Papi ist mit den Großen alleine los .... schön doof.

Ich mache da doch lieber noch ein Kopfspiel, dafür bekommt man sogar Bonbons. Und am Ende einen Zahnputzer fürs Nichtstun so, Freunde erstmal Tschüss euer Alf

24.12. So, heute habe ich 11-monatiges Jubilmilenium hier, haben wir voll fett gefeiert. Der Papi macht Homofiss und war mit uns die Panzerwaschrunde. Es hat wieder so doll geregnet. Auf der Strecke da, muss ich glücklicherweise nicht schwimmen. Wir haben viele Hundekumpel zum Hallo sagen getroffen. Danach gab es Frühstück und ein Kauteil, ein großes sogar.

Später ist der Papi noch mit den Mädels zum Platz gefahren, zum Austoben. Ist ja nicht so, das ich mit will, neee, aber dazwischen laufen muss ich trotzdem .... zack hab den Papi zu Fall gebracht ... auuua

Dann kam auch schon der Opa und hat Geschenke reingereicht Dankööö.

Nach der Nachmittagsrunde sind wir zu Tante und Onkel hin, hey, da hab ich eine Riesentasche Bonbons bekommen ohh ich hör gerade das ist für uns drei na, wird schon reichen. Wegen diesem Weihnachten. Sagt mir nix.

Jetzt sind wir wieder zu Hause und rollen uns ein, Nachti

25.12. Menno, heute hat Muddis Wecker falsch geklingelt, gab noch keine Pille und ich bin mit ins Bett gekrabbelt. Wecker zum Zweiten, Pille rein und weiterschlafen. Nach dem Vorfrühstück und allem Drum und Dran ging es mir gar nicht gut. Mir war komisch und ich war ganz unruhig und musste mehrfach Schleim erbrechen.

Ogoddogott, die Muddi hatte voll Angst, dass sich ein Anfall ankündigt ...

Ich hab mich sogar nach oben ins Homofiss-Zimmer verkrochen.

Ging alles gut kein Anfall oder nur ein ganz kleiner.

Wir haben noch bisschen gewartet und sind dann los. Abenteuerrunde, mussten unsere Schleichwege und Wildwechsel gehen, das war schön. Mir geht es gut, bin auch ein büschn geflitzt.

Es war mehr im Gelände los als auf einer Demo.

Nachmittags kam noch das Welpchen vorbei, aber nicht so lange jetzt haben wir wieder unsere Ruhe. Die Panzerwaschrunde* mit Papi und der Taschenlampe
haben wir auch fertig, ebenso der Zahnputzer. Nun gammeln wir noch rum, bis bald euer Alf

(* ehemalige Panzerwaschanlage vom Truppenübungsplatz, der ja jetzt Landschaftsschutzgebiet ist. Anm. Red.)

Kapitel 7: Der Freiheitskämpfer

26.12. Wir haben uns einen schönen Tag gemacht. Draußen ist das Wetter nur was für Hundeleute. Wir haben gemütlich unser Vorfrühstück verputzt, mit ner Extraportion danach konnten wir ganz entspannt unsere Runde drehen. Pinkelsteine und andere Briefkästen inspizieren. Danach ist nicht mehr viel passiert. Pause, Pause und nochmal Pause die Nachmittagsrunde war wieder im Düstern. Inzwischen ist das okay für mich. Hab ja überall Licht dran.

27.12. Moin, heute ist es noch ungemütlicher... Sturm Der Papi ist allein mit uns losgezogen. Im Wald knackt und knirscht es ganz doll. Heute haben wir das Labbirudel getroffen. Tessa hat ordentlich getobt. Ich bin hinter einem hinterher, der hat sich ganz klein gemacht damit ich besser schnüffeln konnte zu Hause angekommen, hab ich erstmal Rabatz gemacht... H u n g e r....nun ist wieder Pause angesagt. Nachmittags haben wir den Wonkel etwas ausgeführt, der musste lüften nun sitzen wir wieder warm und trocken in unserem Bau. Nix weiter los hier. Knuddel euch Alf

28.12. Heute ist schon wieder Montag, aber wir haben Urlaub, alle sind zu Hause. Prima gemeinsam gemütlich aufstehen, Vorfrühstück und losschlendern. Hetty und Tessa haben zwei gleich bescheuerte Hunde zum Spielen getroffen. Ich bin bisschen mitgelaufen, aber das ist zu stürmisch für mich. Ach neee. Groß und entspannt wie Berry ist okay, aber groß und wild nicht. Nach dem Abfüttern musste die Muddi weg. Mudditermin sagt sie, Beagle nicht erwünscht, aber der Papi war ja da. Als die

Muddi zurückkam, war hier erstmal kollektives Durchdrehen angesagt.

Dann sind wir gleich losmarschiert. War schon am Dämmern, aber mir passiert schon nix, leuchte wie die Treppe bei den Nachbarn blinke in Grün, Blau, Rot und Weiß....

29.12. Ach so Urlaub ist ja was Feines alle haben Zeit und sind zusammen, wie es sich für ein Rudel gehört. Hab ich euch eigentlich schon erzählt, wie doof meine Schwestern sind. Die können keine angelehnten Türen öffnen. Die rammeln dagegen und rruumms ist sie zu. Ey, das sieht man, doch ob man gegenbumsen kann, oder ob man mit der Schnute oder Pfote den Spalt vergrößern muss, um dann die Tür mit Karacho an die Wand knallen zu lassen.

Mädchen eben, technisch unterbelichtet naja, zum Glück bin ich jetzt ja da.

Die Morgenrunde war ganz prima, kaum jemand unterwegs, wir haben alles für uns mein Haus, mein Wald, mein Rudel. Das Wetter lässt nach wie vor zu wünschen übrig deshalb sind wir nachmittags mit dem Papi zum Platz gefahren. Calliou treffen. Ich wollte eigentlich nur meinen Parcours laufen und bisschen mit Ralf schäkern hat beides geklappt. Die Mädels sind schön rumgetobt. Nun ist Feierabend, denn den Schnüffelteppich hab ich auch schon erledigt, mit Hetty zusammen. Passt schön auf euch auf
Liebe Grüße euer Alf

*Ein Beaglemädchen musste vorgestern über die Regenbogenbrücke
gehen.*
*Nach einem Medikamenten Cocktail gegen Arthrose begannen ihre
Nieren zu versagen.*
Sie war erst 5 Jahre alt und kein Labori.
*Der TA hat gesagt, dass man eine chronische Niereninsuffizienz
(CNI) in den allermeisten Fällen erst dann erkennt, wenn mehr als
zwei Drittel der Nieren nicht mehr arbeiten. Ob und inwieweit man
dann noch was machen kann, hängt vom Einzelfall ab. Bei ihr wurde
es erst bemerkt als sie nur noch zwanzig Prozent ihrer Nierenaktivität
hatte. Beagles sind sehr anfällig für CNI.*
*Wenn ihr zum TA geht oder ihnen Blut abgenommen wird, lasst die
Nierenwerte überprüfen. RIP meine Kleine*

30.12. Hier sind alle verrückt, holt mich hier raus ....
Mitten, aber richtig mitten in der Nacht ging Muddi
Krachmaschiene los,..piep..pieep.. alle wach, Pillenzeit??
Nee, nee soweit war es noch nicht. DOCH Muddis
(Funkwecker) zeigte 7:44 an, dabei war es erst 3:44
Jedenfalls konnte der Papi, die Zombimuddi, gerade noch
stoppen mir 4 Stunden zu früh meine Pille zu geben.

Die Restnacht war unruhig, Muddi hat so gewühlt im Bett
als wir dann zur richtigen Zeit aufgestanden sind, ging alles
wie es gewohnt. Morgenritual eben. Danach sind Papi,
Wonkel und wir los. War ganz prima unterwegs. Allerdings
brauche ich wohl keinen Mantel, eher Ohrenwärmer oder
ne Mütze. Meine Tragflächen sind immer ganz eiskalt.
Die Nachmittagsrunde fand im stockdunkel statt.
 Um 16.30 wir sind unterwegs gewesen, wie die
Leuchtkäfer-Aliens, wird Zeit, dass es länger hell bleibt.
Sonst nix los gewesen hier.

31.12. Guten Morgen, heute war früh aufstehen dran. Homofiss wir mussten nicht lange arbeiten und konnten gemütlich unser Vorfrühstück verhaften. Den Wald hatten wir für uns alleine, nur 4 Stockenten und 2 Radrenner unterwegs. Papi sagt, die sind alle los Berliner kaufen, na mir egal. Wir konnten uns ordentlich auslüften.

Ach ja, diese Futtergeschichte ist hier völlig unfair.

Die Mädels haben größere Näpfe als ich und bekommen doppelt so viel zu futtern. Dabei laufe ich viel mehr.

Aber ich bin ja schlau deshalb futtere ich einfach mit bei denen aus dem Napf und dann meins, wenn die nix sagen selber schuld.

Ist bisschen laut draußen, ab und zu knallt das. Tessa nervt das, sie muss raus bellen, mich stört das nicht. Wir sind mit dem Papi noch mal los, obwohl es dunkel und laut ist. Die Pffiiieep Geräusche sind hässlich und unheimlich. Aber dann sagt Papi: "Hinten", ich gehe dann hinter ihm, er vorneweg und passt auf uns auf. Das machen wir immer so, wenn was komisch kommt.

Zum Glück sind wir ein Superrudel.

Im Bau hört man nix von den Geräuschen, also chillen, passt auf euch auf euer Alf

02.1. Ach, heute sind wir zeitig aufgestanden und ich musste ordentlich kuscheln nachholen, nach unserem Morgenritual sind wir dann ne ordentliche Runde gelaufen, es war schön grizzelig grau und ungemütlich. Auf dem Rest haben wir noch Lilly, Lola und Norbert den Mops-Opa getroffen.

Zuhause angekommen erstmal gemütlich Frühstücken kurzes Schläfchen halten und dann sind wir zum Dörrfleisch-Dealer gefahren. In dem grünen Schlaraffenland gibt es alles, was der Beaglebauch begehrt.

Und dann ging es zur Mahnwache vorm LPT in Neugraben. Hab erstmal allen gezeigt was für ein cooler Macker ich bin, hab auch ne Leibwächterin, nää Celin und Maren.
Als ob das nicht genug wäre, musste ich noch mit zum Hundeplatz. Zack, Parcours laufen und ab ins Auto. Die Mädels haben noch etwas getobt, aber nun sind wir glücklich und zufrieden zu Hause und pennen bei Kaminfeuer. Knuddeldiemahnwächter Alf

03.1. Mann war ich teddich, ich habe bei Muddi im Bett geschlafen und bin erst aufgestanden, als Wonkel zur Hunderunde kam. Bin nicht vorher aus dem Bett gekommen. Mini Vorfrühstück fast gar nix, Muddi ist sogar noch nach mir aus dem Nest gekrochen. Jetzt bin ich halb verhungert unterwegs. Aber nachher kommt mein Cousin Toni hier durchgereist. Prima, ick freu mir.
Toni fühlt sich hier wohl und wir erlauben ihm auch alles, jedenfalls waren wir eine schöne große Runde spazieren, kurz vor dem Tor hat Toni ne Biege gemacht. Das Reh welches immer bei uns am Zaun rumlungert war wohl da. Na ... und Toni weg in der Zeit habe ich aber Beute gemacht, ein Stück Butterkuchen vom Tisch gestohlen. Hatte es schon nach draußen gebracht, da wurde ich erwischt. Ärgerlich ...

04.1. Ach herrjeh schon wieder Montag und nichts ist, wie ein Montag sein muss, der Papi hat noch Urlaub, das ist toll, denn er ist mein Lieblingsmensch. Er war auch der Erste, zu dem ich hingegangen bin, nach meiner Freilassung.
Es war sehr ungemütlich draußen und wir sind ne schnelle Runde gegangen. Haben noch Berry getroffen, sonst niemanden. Nach dem Essen musste der Papi kurz weg. War okay, Muddi war ja da, wir haben bisschen Homofiss

gemacht. Später kommt Romy her, die will mir einen Mantel schneidern, aber erstmal will sie mich messen. Meine Adonismaße ermitteln.

Bauch Beine Po

Länge vom Hals bis zum Steert 49, Bauch 62, Hals 44.

Ich hab ne eigene Schneiderin, die ist eigentlich ein Beagle, will immer kuscheln und kann viel essen, aber wir hatten auch unseren Spaß mit ihr, sie hat sogar Probeliegen im Körbchen gemacht...

Bald können wir des Prinzen neue Kleider bewundern.

So, nu is sie wech und ich hab das Sofa wieder für mich.

Also, bis denne euer Alf

05.1. Es will heute gar nicht hell werden, also will ich auch nicht aufstehen, muss ich aber also aufstehen, kuscheln, Dörrfleisch... und Schwupps ist der Wonkel schon da. Der Wonkel hat genau dokumentiert, dass ich hinten kann. Schmaler Weg heißt hinten bleiben. Ist doch leicht.

Muddi brauchte nicht mit, die war ganz außer sich, weil das Tierversuchslabor LPT an dem Biontech Corona Impfstoff mit gearbeitet hat. Es wurde in einer Pressemitteilung bekannt gegeben.

Jedenfalls war der Wald menschenleer und nasskalt. Zum Glück ist es zuhause warm und trocken. Es gibt auch Essen. Also heute ist nicht viel los mit uns.

Nachmittags sind wir über den Segelflugplatz gefahren, brrr da war es noch windiger und kälter.

Ich bin 'ne Frostbeule. Schnell nach Hause und über den Zahnputzer freuen. Sodele, knuddel euch euer Alf

05.1. Heute hat meine Muddi wieder mit den Labor-Geschwister Muddis Austausch gemacht. Wir können alle nicht richtig spielen, natürlich nicht was denkt ihr denn, das braucht noch Zeit. Aber wir alle lieben es und ein Stückchen Papier oder Pappe von Fußboden zu schnappen, zu verschleppen und zu schreddern.
Manchmal haben wir im Labor ein Stückchen Papier erwischt und waren die Helden mit Spielzeug....

06.1. Und was mach ich heute Morgen?

Ich tobe das erste Mal.

Das kam so...

Wir waren mit dem Morgenritual feddich und Muddi wollte ihr Nest in Ordnung bringen. Da lag Hetty schon drauf. Und die kaspert gerne rum. Schmeißt sich hin, wälzt sich und Muddi muss immer auf ihr rumklopfen mit den Händen, überall und beide lachen.

Ich wollte auch. Also hat Muddi mich aufs Bett gesetzt und losging die wilde Fahrt. Ich hab Todesrolle gemacht und bin rumgehüpft und mich wieder gerollt. Ich wurde auch ausgeklopft. Das war luschtig bin vom Bett gehüpft und hin und her geflitzt mit Bellversuch ach, war das schön. Später haben Hetty und ich auf dem kleinen Stück Teppich in der Küche aneinander gekuschelt gelegen.

Dann ging es in den Wald, dieses Mal hatte die Muddi einen Bleimantel an. Alda, ich schwöa. Endlich versteht sie mich etwas.

Das ist voll doof. Jetzt chillen wir bei Kaminfeuer und warten auf Gitta.

Wow, die liebe Gitta hat uns einen ganzen Eimer Dörrfleisch spendiert und ich hab noch einen Supermantel bekommen, wir sind gleich eine große Waldrunde gegangen. Gitta hatte viel Spaß und ich bin der einzige gewesen der trocken geblieben ist. Nun ist Finito und wir machen es uns gemütlich. Drücker euer Alf

07.1. Ich bin echt erwachsen geworden. Schlafe jetzt nicht mehr zwischen den Kopfkissen, sondern Richtung Fußende das mal am Rande. Nach dem Aufstehen und allem Schnick und Schnack, ging es raus. Uuuiii erst wollte ich gar nicht. Sah fremd aus und merkwürdig. Dann war das toll in und auf diesem weichen, kalten, nicht richtig nassen Bodenbelag zu laufen. Bin gar nicht mehr auf dem Weg gegangen. Ach da kann man auch Beagleflitzen machen. Zum Glück bleibt mein Bauch warm in dem tollen Mantel von Gitta.

Uunnd ich habe gelben Schnee gemacht. Nach dem Frühstück mussten wir alleine bleiben, war nicht so schlimm und auch nicht so lange. Nachmittags stand noch des Prinzen Schneiderin vor der Tür....Anprobe...und beaglemäßig den Bauch voll schlagen nein, hat Romy nicht. Dann mussten wir aber auch los und sind im Dunkeln zurückgekommen.

Zähne putzen und Feierabend. Liebe Grüße euer Alf

08.1. Freitag Muddi musste heute früh aufstehen. Zack meine Pille rein und mich zu Papi ins Bett gesteckt. Aber als sie runtergegangen ist, bin ich lieber mit... wir haben Kaffee gekocht, gekuschelt und Tessa war draußen bellen. Dann gab es endlich Vorfrühstück. Der Duft hat den Papi auch aus dem Bett gelockt. Und Schwupp war die Muddi wech. Später kam dann der Wonkel und wir sind in den Wald. Nix los gewesen, soll ich sagen. Als die Muddi wieder da war, musste ich erstmal ausgiebig kuscheln. Nachmittags waren wir dann auf dem Platz, war auch nix los, nun ist Chillen angesagt. Uns Hunden macht Corona gar nichts aus. Immer schön im Bau mit dem Rudel, das ist ganz prima. Mmmmnhhh hab mir noch eine große schöne Ganzkörperhundemassage bei Muddi abgeholt. Wie entspannend mir kann das vielleicht gut gehen. Schlaft schön Freunde

09.1. Mooiin Leute, heute sieht das Wetter nicht einladend aus. Aber unsere Menschen müssen ja unbedingt auslüften. Muddi sagt, wir kriegen alle Thrombose, wenn wir nicht laufen wollen, also gehen wir, aber erstmal stärken. Kleines Vorfrühstück, Kaffee und los. Bin in meinem Beaglekanal wieder ordentlich geflitzt. Eiskanal flitzen.

Im Gelände war wenig los, ein Glück. Ich liege auf dem Chefsessel und die Mädels liegen im Bett. Wir machen uns unsichtbar. Raus will keiner ....

Puuhhh „Klück" gehabt. Der Papi wollte schon wieder mit uns los, ich habe mich erfolgreich hinter Muddis Rücken versteckt. Statt in die Kälte durfte ich Schnüffelteppich machen tja, manchmal muss man auch Glück haben.

Als die Mädels wieder zurück waren, habe ich sogar auch meinen Zahnputzer bekommen. Nun machen wir uns wieder schnell unsichtbar ...

Habt ein schönes Wochenende.

10.1. Heute haben wir wieder alle zusammen im Bett rumgelungert. Irgendwann muss man trotzdem aufstehen, aber dann gibt es erst mal Vorfrühstück. Kuscheln brauchte ich nicht so viel, hatte ich im Bett schon erledigt. Es war ganz schön kalt draußen und Mionen Menschen waren unterwegs. Das macht keinen richtigen Spaß. Nach dem Essen musste ich erstmal auftauen und ausruhen. Nachmittags waren Tante und Onkel kurz hier. Haben uns gefreut.

Wenn aber jemand ohne mich draußen ist, mache ich richtig Alarm, raus will ich aber nicht.

Nöhööö, keine Lust. Am Ende des Tages hat der Papi mit uns dann doch noch ne Runde im Dunkeln gedreht. Ihr wisst ja, Thrombose .... ab morgen haben wir wieder eine neue Zeitrechnung. Urlaub hat fertig, früher aufstehen ist angesagt ....

11.1. Ach herrjeh, ich habe es noch gesagt, da musste ich heute doch im Dunkeln vor der Pille aufstehen, gibt's denn sowas?

Voll müde Leute erstmal Muddi auf dem Sofa bezwingen und bewusstlos kuscheln. Alles meine Muddi, wech Mädels, *meine* Muddi, ganz alleine.

Nun denn, nach dem Vorfrühstück mussten wir dann langsam los. Keiner wollte, es hat doll geregnet, Muddi mit Bleimantel ich mit Regenmantel. Überm Mantel geht's noch, wie soll man sich da bewegen?? Naja ging. Wir sind niemandem begegnet. Zu Hause gab es legger Essen und ein Kauteil, nun erstmal ausruhen ...

Eigentlich wollte die Muddi heute was Anderes tun, aber sie hat wieder mal geholfen die Welt zu retten, Tierschutz hört ja nicht vor der Haustür auf. Zwei alte Kutschpferde sollten zum Schlachter. Weil sie nicht mehr arbeiten können sollten sie sterben, nix Rente wie ich, Muddi sagt wir müssen helfen. Nachmittags hat der Wonkel sich dann fix eingeklinkt, für die Runde, unterwegs haben wir Jeff getroffen. Mit dem waren wir schon mal unterwegs. Erst war alles ganz prima, dann hatte Hetty wieder Futterneid, hatte Wonkel vergessen, Hetty hat dem armen Jeff lautstark Angst gemacht, Tessa gleich mit. Der hatte gar keine Lust mehr mit uns zu laufen, als Einzelprinz kennt man sowas nicht. Unter uns Geschwistern ist das auch kein Problem.

Nun ist der Papi wieder da und meine kleine Welt ist in schönster Ordnung euch einen schönen Abend euer Alf

12.1. … und schon wieder im Dustern aufstehen, nützt ja nix also alles ganz in Ruhe angehen lassen, außerdem regnet es. Kuscheln, Kaffee, Dörrfleisch … die Mädels schnell nach oben ins Bett verkriechen, nachdem der Regen aufgehört hat, mussten wir los. Ich musste meinen Bleimantel anziehen. Der ist nicht mehr so gräßlich, Muddi hat den einfach abgeschnitten, wie ihre Socken, geht doch, unterwegs haben wir Jack (-Russel) getroffen, der ist kleiner als ich und nett, wir sind ein Stück gemeinsam gegangen. Tessa ist mal kurz im Moor gewesen. Hetty hat sich gewälzt und Muddi hat mich unterwegs vom Mantel befreit. Im Großen und Ganzen ein gelungener Spaziergang. Abtrocknen und Frühstücken.

Jeder hat heute was für sich gemacht. Ich war in Wohnzimmer, die Mädels lagen auf dem Bett und Muddi hat Homofiss gemacht. Und im Nu mussten wir schon wieder los. Das Thermometer hat 5,4°C angezeigt, deshalb brauchte ich keinen Mantel anziehen. Kaum draußen, kam ein kalter Wind und dicke kalte Regentropfen. Mann war ich froh wieder zu Hause zu sein. Im Beagleschritt an die Tür. Fix trockengerubbelt und rein. Egal, Hauptsache war, ruhig auf die anderen gewartet, aber dann gequakt Zaahhnpuuutzer... aber schnell!

13.1 .Brrr ist das ungemütlich draußen. Deshalb freue ich mich, es kuschelig zu haben. Wir sind aber auch Glückspilze, nach dem Morgenritual sind wir dann raus. Zum Glück hab ich einen warmen Mantel, die Straße war kalt und glatt, auch mein schöner weicher gelber Beagleflitzsand war ganz hart und kalt. Mir sind ja wohl glatt zweimal die Hinterräder durchgedreht kein Grip, sagt die Muddi. Mein eines Hinterbein ist ja bisschen paddelig, deshalb fahren wir Freitag mit der Wackelkiste zur Fü-Si-o-Tante, Muddi sagt, wird cool, kleine Hundemassage ... pfff kann Muddi auch, aber vielleicht gibt's da Bonbons.

Nach dem Frühstück gab es noch ein leckeres grooooßeees Kauteil. Ich bin gleich raus damit. Als Tessa mit ihrem fertig war, wollte sie meins. Denkste Puppe, der hab ich aber Bescheid gegeben! ich bin schließlich ein echter Hund geworden.

So, nachdem wir mit allem fertig waren, hab ich Muddi beim Homofiss geholfen. Tja, das Leben kann schon anstrengend sein. Hab ne Bettinspektion gemacht. Uund einen Ziehfaden entdeckt. Pünktlich zur Spaziergehzeit kam Wind und Schneeregen. Nee, raus will hier keiner. Die Mädels haben kurz den Rüssel ausgehalten und das war's dann. Jetzt ist der Kamin an....

Irgendwann war es denn doch soweit. Ich war schon komplett angezogen, hab mich aber platt wie eine Flunder aufs Sofa gelegt und mich schwergemacht. Also alles wieder ausplünnen ich hab dann die Muddi und die Mädels alleine rausgeschickt. Bei so einem Wetter geht ein Beagle mit Laborhintergrund nicht vor die Tür. Lass die anderen sich man durchfrieren. Ich bin ohne zu heulen liegen geblieben, sogar als der Papi von der Arbeit kam. Gott sei Dank hab ich trotzdem einen Zahnputzer bekommen.

Gewusst wie rollt euch bei dem Schietwetter auch schön ein eurer Alf

14.1. Hey heute ist wieder Homofisstag, ich bin mit dem Papi aufgestanden und mit arbeiten gegangen irgendwann ist die Muddi aus dem Bett gekrochen, ihr Wecker war schon wieder 16.08 Uhr ... dabei war es aber 8.00 Uhr egal, sie brauchte nicht mit spazieren gehen.

Vorfrühstück ging auch ohne sie, zur Runde ist Onkel gekommen. Große Lust hatte ich auch nicht. Weil das so kalt ist, hab ich voll viel Hunger, bin schon wieder mit dem Rüssel in Tessas Napf gewesen und hab geklaut. Später hat Muddi auch Homofiss gemacht, in der Küche ...
Nachmittags sind wir dann zusammen zum Vogelbaum gegangen, Futter aufhängen. Das riecht so legger.
Zuhause dann ab vor den Kamin und Feierabend. .

15.1. Freitag, Beagletag wir sind heute alle früh aufgestanden. Aber erstmal musste ich ausgiebig gekuschelt werden. Vorfrühstück sowieso und Kaffee! Mantel an und ab vom Hoff. Ich hatte Lust, obwohl es kalt war.
Tessa hat heute ihr erstes Eisbad in der großen Pfütze genommen. Die spinnt doch!
Besonders hab ich mich auf mein Essen gefreut. Ich habe im Übrigen keinen Husten mehr und nur noch selten Rückwärtsniesen. Das "Hochfressen" mit der tollen Futterwunderbar hilft unwahrscheinlich. Außerdem gibt es täglich Heilerde mit Hüttenkäse.
Jetzt wo ich es gerade gemütlich gemacht habe, muss ich mich schon wieder anziehen lassen. Wir fahren zu Fü-Si-O mal sehen, ob mir das gefällt.
War gut erstmal schön eingemummelt allein in der großen Wackelkiste. Erst fand ich das komisch bei Jessica. So Wärmelampe und Rüttelding, aber dann, mmmmhh Entspannung pur.
Fazit: Ich bin gut durchtrainiert, paar kleine Verspannungen aus alten Zeiten. Mein linkes Knie ist bisschen schief, aber ich bin halt ein Bodybuilder mit breiter Brust und ein Herzensbrecher, was will ich mehr. Das nächste Date mit Jessica Wirl steht schon.

Uui zuhause angekommen waren meine Schwestern weg keine Sorge, Wonkel hat die zu sich geholt damit sie nicht alleine sind.

Nun sind sie wieder da und wir freuen uns übereinander. Ich konnte mich tatsächlich aufraffen, nochmal spazieren zu gehen. Nun liege ich vor dem Kamin und chille. Dicken Drücker euer Alf

16.1. Heute durfte ich ein bisschen länger schlafen, hätte Tessa nicht rumgequängelt noch etwas langer ... also ist Muddi aufgestanden und dann krieche ich selbstverständlich auch aus dem Nest naja, dann gab es eben schneller mein Dörrfleisch und alles Drum und Dran, im Übrigen habe ich nix Muskelkater von der Fü-Si-O
Als wir dann warm eingepackt los sind, war das voll schön draußen. Viele Menschen und Hunde unterwegs. Ganz herrlich das Wetter am Ende kam uns die Tante entgegen, na wir haben uns vielleicht gefreut. Tante haben wir ja lange nicht mehr gesehen. Papi sagt, alles wegen Corona ... na dann soll Corona mal verschwinden! Wir wollen unseren Familiensonntag wiederhaben! Nachmittags waren wir dann mal wieder auf dem Platz. Parcours laufen und schnell nach Hause. Da hat die Muddi schon mit dem Zahnputzer gewartet. Heute bin ich Chefsessel Besetzer.

17.1., guten Morgen, guten Morgen, guten Morgen Sonnenschein schöööönes Wetter heute. Wir haben den Papi mal nach dem aufstehen belagert Über-unter-und durch als wir nach unserem Morgenritual los sind, war wieder Völkerwanderung, aber das macht nichts. Zwischendurch haben wir dann Lilly und Lola getroffen. Die gehen auch lieber die kleinen, geheimen, Wege. Nach dem Essen sind die Mädels wieder ins Bett gegangen und ich habe es mir auf dem Chefsessel bequem gemacht. Heute wird hier nicht mehr viel passieren.

17.00 Uhr und stockdunkel draußen, natürlich traut sich die Muddi nicht mehr raus. Sie hat ja keine Beleuchtung wie wir, deshalb gehen wir ohne sie ne kleine Runde. Sie sagt, einer muss ja die Möbel und Zahnputzer bewachen....

In diesem Sinne, passt gut aufeinander auf. Liebe Grüße Alf

18.1. Als der Papi los ist, habe ich schnell seinen Platz im Bett eingenommen. Schön angekuschelt. Kopf an Muddis Hals und alle vier Füße am Rücken, Vollkontakt Muddi sagt, ist gut, dass ich nur Katzengröße habe .... große Katze .... Tiger? Wie dem auch sei, als die olle Krachmaschiene losging, war Schluss mit lustig. Raus aus dem Nest!

Morgenritual und ab in den Wald. Heute war natürlich wieder kein Mensch weit und breit zu sehen. Nass, kalt, neblig. Bestes Wetter jeder konnte da laufen wo er wollte. Bei der "Sonnenallee" stand ein Auto und Leute auch. Wie aufregend, da musste ich gucken. Die Lebenshilfe hat entkusselt. Die Männer hatten etwas Angst vor mir. Die Großen waren sowieso angeleint. Muddi hat mich gerufen, aber ich bin doch so neugierig ...

Nach den ewig langen Füßen abtrocknen, gab es endlich Futter. Danach Rüsselmonsteralarm und dann endlich das wohlverdiente Schläfchen.

Nachmittags ist der Papi dann eine Regenrunde mit uns gegangen. Muddi hat schon wieder Hörner bekommen, nachdem sie die Pressemitteilung vom LPT gelesen hat. Ich merke richtig, wie es in ihr brodelt....

19.1. Brrr, heute hat es Bindfäden geregnet, keiner wollte raus. Ich hab mich mit meinem Kittel ins Körbchen gelegt, dann draußen ins Körbchen. Neee, ich will aber mal nicht

Muddi sagt, nass ist nass, also normale Runde. Leute, überall gefährliche Wasserfälle, reißende Flüsse und riesige Seen. Ich mag das nicht, ich wusste gar nicht, wo ich gehen soll. Meine Kackplätze waren Inseln, wie soll ich da bitte hinkommen. Ohne Gummistiefel oder so. Zu Hause dann stundenlang abrubbeln und doch nicht trocken. Deshalb ist jetzt der Ofen an.

Muddi hat Bilder im Internet gesehen, wie es da aussah wo ich herkomme, jetzt versteht sie und die anderen Beagle Muddis einige unserer Reaktionen besser ....

Ich krieg heute Besuch, meine Schwester Amy kommt.

Nachmittagsrunde ist gestrichen wir haben uns zur Losgehzeit alle verpieselt, nochmal müssen wir das nicht haben ...

So, nun sind wir vier Hunde und vertragen uns gut. Amy findet das doof, aber Hetty hat sie sogar geputzt.

Bis denne euer Alf

22.1. Beaglefreitag ist heute. Homofiss ist auch und Rüsselmonstertag. Wir hatten wieder nicht so viel Zeit zum rumtrödeln, weil der Homofiss wartet. Ach egal, Kaffee, Dörrfleisch und ohne Mantel los. Ist nicht so schön heute, grau, aber wir sind dann auch fast allein unterwegs. Die üblichen Hunde waren unterwegs und der Mops Opa auch. Aber mit dem ist nix los. Bin ich schnell weiter.

Keine Abwechslung heute, kein Wonkel, kein Onkel, kein Postman, niemand zu freuen.

Nachmittags war wieder Völkerwanderung im Wald, deshalb sind wir unsere Schleichwege gegangen. Ach und einen halben Apfel habe ich auch bekommen. Voll köstlich. Die Mädels mögen das nicht, bleibt mehr für mich.

23.1. Wochenende, ausschlafen trotzdem bin ich pünktlich zur Pille da. Ich habe nämlich oben im Homofiss-Zimmer geschlafen. Nach der Pille wollte ich aber noch mit ins Bett. Ich bin sogar liegen geblieben, als die Muddi aufgestanden ist. Die Mädels waren hoch erfreut sogar das Dörrfleisch habe ich verpasst. Tjaaa, da geht was nicht mit rechten Dingen zu, CSI Neu Zuhause, also Muddi, ist auf Spurensuche gegangen ... und fündig geworden. In die Ecke bei der Heizung im Homofisszimmer Pulleralarm, Pfütze, hmmmmm, nicht gut. Keine Ahnung warum ich das mache.

Der Wald war wieder voller Menschen, Fahrräder, Kinderkarren und Hunden, wir sind wieder Geheimwege gegangen. Apropos CSI, Muddi hat wieder gefährlichen Müll eingesammelt. Der einzige Lichtblick waren Lilly und Lola, die kleine Maus Lilly strahlt uns immer so an.

Die Nachmittagsrunde hat der Papi mit uns im Dunkeln gedreht, langsam wird es wieder kalt draußen und Bock hatte ich auch nicht. Das wars auch schon.

So, Zähne sind geputzt und wir warten auf die "Harten Hunde" im TV.

Leute, morgen ist Superbeagletag, dann bin ich ein Jahr hier

Bis morgen euer Alf

Heute ist Sonntag der 24.1.21.
Vor genau einem Jahr um 11:20 Uhr traf Alf bei uns ein.

- Aufgebläht
- Glanzlose Augen
- Muskellos
- Stinkend
- Ängstlich

Allen unseren Schätzen ging es so.
Ich glaube, an diesem Tag kamen noch 46 Beagles raus.
Die Letzten am 30.1. und 31.1.20
Einige von uns, haben sich durch unsere Hunde gefunden.
Wir wohnen überall in Deutschland, sind aber füreinander
da. Tauschen uns aus und unterstützen einander. Da sind:

- Angelina
- Bianca mit Hermine
- Gaby mit Fiete
- Katja mit Lina
- Krümel
- Nadine mit Milow
- Nele
- Patricia mit Lucy
- Petra mit Feli
- Tamara mit Amy
- Ulla mit Benny
- Wir mit Alf

Es gibt noch andere, die wir kennen, aber nicht nennen.
Deshalb haben wir für heute eine Mahnwache vor dem LPT
in Mienenbüttel angemeldet.
Danke für die Unterstützung.
So treffen geht ja wegen Covid nicht.

Es sind auch Mahnwächter der ersten Stunde dabei gewesen.
Wir wollen den vielen Tieren mit Liebe gedenken, die den wenigen das
Leben geschenkt haben.

176 Hunden
49 Katzen
Ratten und Mäusen

Ohne ihr Leid und Tod wären wir jetzt nicht hier und hielten unsere
Hunde im Arm.
Wir möchten mit unseren Steinen und dem Kranz einfach Dankeschön
sagen.
Die Mahnwache ist nun beendet. Meine Bauchschmerzen sind weg.
Die Polizei war sehr nett und verständnisvoll. Viele Autofahrer haben
entweder gewinkt oder Daumen hoch gehalten. Viele von uns mussten
ein bisschen weinen, aber die Stimmung war trotzdem positiv.
Frau F. kam heraus und hat die Mahnwächter eingeladen, das Labor
zu besichtigen. Einige haben die Einladung angenommen und sind im
Anschluss reingegangen.
Ich wollte, und konnte das Gelände nicht betreten, und möchte es auch
in Zukunft nicht.
Heute war ein sehr emotionaler Tag.
Danke an alle, die uns unterstützt haben.

TIERVERSUCHE GEHÖREN ABGESCHAFFT!

24.1. Es ist ja nicht nur, dass ich heute Befreiungstag habe, nein es ist auch Sonntag. Nix Ausschlafen trotzdem haben wir uns für unser Vorfrühstück Zeit genommen. Unterwegs war schon viel los. Viele Räder da muss man aufpassen nicht über den Haufen gefahren zu werden. Hetty hat sich mal wieder in etwas Stinkigen gewälzt. Muddi vermutet Menschen Kacke. Und Tessa war baden. Jedenfalls musste Hetty Zuhause geschrubbt werden und draußen essen.

Und dann mussten wir zu Hause bleiben. Ich hab ein bisschen aufgeräumt . . . .

Als sie endlich wieder da waren, haben sie Romy mitgebracht, meine Schneiderin, zur Anprobe. Passt nicht macht sie extra, damit sie mich wieder besuchen kann. Dann ging es nochmal raus und Ende im Gelände.

25.1. Montag, alles wie es soll, früh hoch, Pille, Kuscheln, Vorfrühstück und looos. Es war wieder prima, niemand unterwegs dafür viel Nebel und Wochenendmüll am Ende der Runde haben wir unseren Kumpel Dieter getroffen, der hat immer ein Bonbon für jeden dabei ja und dann waren auch schon wieder 1 1/2 Stunden rum. Haben unser Futter echt verdient. Danach ist Muddi los und wir haben ein tolles Kauteil bekommen aus Gittas Eimer. Als wir nachmittags los sind, sah das Wetter ganz normal aus. Plötzlich wurden wir mit weißen harten Kugeln beschossen, dann kam weißes weiches nasses Zeug von oben. Schon komisch. Gut dass ich meinen Mantel anhatte. Als wir zuhause waren, war der Papi schon da und hat beim Abrubbeln geholfen und Feuer gemacht.

Endlich sind wir warm und trocken und haben fertig Nachti Nun ist ja mein Tagebuchjahr rum, und die Muddi wollte aufhören zu schreiben. NEIN das geht doch nicht, ich bin doch so eine Quasselstrippe, wir haben ja noch die FB Gruppe.

26.1. heute Morgen war alles prima, aufstehen und unser Morgenritual. Dann los, Muddi wieder, oh und ah und Glitzerwelt ich fand es eher sehr glatt und kalt draußen. Unterwegs haben wir noch ein Reh getroffen, aber wir hören ja auf das Kommando, trotzdem musste ich gucken wo das Reh geblieben ist. Nach dem Essen erstmal ruhen. Dann ist es wieder passiert, ich hatte aus heiterem Himmel einen Anfall. Der Erste seit August. Muddi hat mich schnell ins große Körbchen gelegt, damit ich mir nicht weh tu. Dann hat sie mir fix das Notfallmedikament (Diazepam rektal Tube) verabreicht und hat sich zu mir gelegt. Nach 5 Minuten war alles vorbei und ich hatte Hunger und war unruhig. Jetzt habe ich mich hingelegt, Muddi passt auf (8 epileptische Anfälle in 12 Monaten) Fühlt euch gedrückt, euer Alf

Alf / Deutsch

Die Idee zum Wörterbuch habt ihr Marie-Luise Thüne zu verdanken. Knuddeldichmaldafür.

Alf	Deutsch
ausplünnen	ausziehen
begöschen	umschmeicheln
Bonbondealer	Tierfutter Geschäft
Bonsche	Bonbon
Brüllmaschine	Wecker
Döspaddel	Dummkopf
entkusselt	Die Heide von kleinen Kiefern und Birkensprößlingen befreien
Erschreckungsmaschine	Wecker
geschnüffelteppicht	Nasenarbeit mit dem Schnüffelteppich
Fellvogel	Eichhörnchen
fünsch	sauer/aufgebracht
Fü-Si-O Tante	Physiotherapeutin
Homofiss	Homeoffice

hyggelig	gemütlich (dänisch)
Jubimilenium	Jubiläum
Kawa-Lier	Gentleman
Knuddeleuchalle	Knuddel euch alle
Krachmaschine	Wecker
Lärmmaschine	Wecker
Mionen	Millionen
Moppelkotze	Undefinierbarer Brei
Ogoddogott	Oh mein Gott
Panzerwaschrunde	Kleine Runde
plöde	blöde
Pudenkomixkuh	Pudenco Mischlings Hund in wild
Radraserchaoten	Rücksichtslose Radfahrer
Rasenmonster	der Kumpel vom Rüsselmonster für den Rasen
Rüsselmonster	Staubsauger
Schnellgehfrau	Eine nette Dame die sehr schnell geht
sutsche	langsam
Wackelkiste	Auto
Wallaconda	Pampa/ Wildnis, Wald

Wasserzimmer	Badezimmer
Wischmops	Bodenwischer
Zombimuddi	Muddi, direkt aus dem Schlaf
Zwutsch	Ausgehen

Schlusswort

Alfs Geschichte geht natürlich weiter, zumindest im Netz.
Unser wundervoller kleiner Held wird sicherlich noch viele
Abenteuer bestehen und Hürden überwinden müssen.
Doch wir sind zuversichtlich, dass er es wie alles mit viel
Herz, Mut und Abenteuerlust meistert.

Die letzten Seiten dieses Buches wurden von Alfs,
Wegbegleitern, Tierschützern, Menschen die zu Freunden
wurden geschrieben.
Vielen Danke an jeden einzelnen von euch.

Dicken Knutscha von uns,
Alf, Muddi und das Superrudel

Gefundenene Rechtschreibfehler dürfen behalten werden!

Gedenkstein vom 24.04.21

Mahnwache am 24.01.21

Wegbegleiter kommen zu Wort

Susanne W.: Wie schön, dass es ein 2. Buch mit und über unseren kleinen Helden geben wird. Ich bin, glaube ich, so ziemlich von Anfang an dabei, ich freue mich jedes Mal über neue Tagebucheinträge von Alf. Er ist mir auf die Ferne total ans Herz gewachsen. Die Entwicklung, die er in seinem Fürimmerzuhause gemacht hat, ist unglaublich. Ich lache viel beim Lesen der Geschichten, aber es laufen auch immer wieder Tränen durchs Gesicht, denn Alfs Vergangenheit ist immer wieder präsent. Und das ist auch gut so, denn so gerät nicht in Vergessenheit, dass es immer noch unzählige Tiere gibt, die für die Forschung gequält werden. Ich freue mich auf viele weitere emotionale Lesemomente mit Alf, seinen Schwestern und seinen tollen Menschen!

Susanne Hi.: An Alf den Beaglemann. Vor 40 Jahren, haben wir 3 Schüler mit Plakaten vor dem LPT in Mienenbüttel gestanden. Ich hatte meine Freunde dazu angestiftet, weil wir das Weinen der Hunde bis zu unserem Grundstück hören konnten. Immer wieder verschwanden Tiere in Hollenstedt und jeder fragte sich, ob sie nach Mienenbüttel verschwanden. Deshalb war ich an jedem meiner freien Tage dort, um einen kleinen Teil dazu beizutragen, dass dieser Laden für immer die Türen schließen musste. Schön, dass es geschafft wurde. Liebe Grüße

Marie-Louise und Barkley: Das ist eine Nachricht an Alf. Lieber kleiner Beaglemann, heute ist ein ganz besonderer Tag- vor allem für Dich! Heute vor einem Jahr begann Dein „Leben"! Als ich 2019 im Urlaub auf Usedom von Eurem schrecklichen Schicksal erfuhr, ja... mein Leben veränderte sich. Alle Hebel habe ich in Bewegung gesetzt, alle Journalisten, die ich kannte informiert, mit BILD und dpa, SWR etc. ständig in Verbindung. Es konnte und durfte nicht sein was man Dir/ Euch an Qualen und Folter antat. Täglich brannten drei kleine Kerzen, um mich/uns immer an Euch zu erinnern und nicht aufzugeben. All diejenigen, die Tag und Nacht vor Eurem „Zuchthaus" ausharrten bewundere ich. Mit Friedrich Mülln stand ich in ständigem Kontakt und konnte sogar mit beitragen, dass sich Merck so schnell zurückzog. Ich hatte in persönlichen Gesprächen mit der Konzernleitung in Darmstadt an das Gewissen, die Menschlichkeit appelliert. Immer wenn ich meinen geliebten Barkley ansah, musste ich an Dein/Euer Leid denken. Dann kam Hamburg: kein Weg war zu weit. Alf, Du kannst stolz auf uns alle sein, wie wir an diesem regnerischen 16.11.2019 in einer riesigen Gemeinschaft für Euer Leben, Eure Freiheit kämpften. Dann erfuhr ich von Dir, einem der kleinen Helden, die es geschafft haben. Inzwischen habe ich auch von Paula und ja, auch von Amy erfahren. Unser Durchhalten hat nun Namen, Beaglechen, die wahrhaftig glücklich leben dürfen. Kleiner Alf, ich/wir wünschen Dir und Deiner Familie von ganzem Herzen das Allerbeste für die Zukunft und... ihr Fellnasen seid „meine Helden!"

Gitta K : Leute, ich hatte so viel Glück. So etwas gibt es nur einmal im Leben. Mich nennt man jetzt Glückspilz. Es tut so gut, endlich das Leben zu genießen. Mein erstes Leben war dunkel und voller Schmerzen und Qual.

Ich hab mich nicht unterkriegen lassen. Hab gekämpft bis zur Erschöpfung. Es hat sich gelohnt.

Super Muddi, toller Papi und zwei ganz liebe Schwestern. Was fehlt mir noch? Nichts, ich bin voll zufrieden und glücklich. Ich hab das Paradies auf Erden bekommen. Ich hab so viel gelernt und ich werde geliebt, das gibt mir ein sicheres Gefühl. Ich hoffe, ich werde sehr alt, damit ich dieses schöne Leben lange genießen kann.

Martina und Eckart St.: Mit Alf und seinen Schwestern eine Familie zu bilden, ist ein großes Geschenk. An Alfs Alltag teilzuhaben oder auch nur davon zu lesen, Macht immer wieder Freude.

Dieser kleine, abenteuerlustige und aufgeweckte Kerl bereichert unser aller Leben und lehrt uns, worauf es ankommt: Leben im Hier und Jetzt, vergiss was war! Tante & Onkel

RoMy Sch.: Mein lieber Alf, Du hast geschafft, was viele andere Fellnasen nicht geschafft haben.

Du konntest lebend dieses Labor verlassen.

Ich weiß noch genau wie schlimm es war, wenn wir Mahnwache hatten und ihr am jaulen und bellen ward. Immer haben wir gehofft das ihr unsere Energie spürt, dass wir für euch kämpfen! Es ist so schön, dass du und die Muddi uns an deinem Leben teilhaben lasst, wir mitbekommen was für ein kluger und tapferer kleiner Beagle du bist. Der sein Leben jetzt in vollen Zügen genießt. Mir geht immer das Herz auf wenn ich dich bekuscheln darf. Ich bin auch schon gespannt auf den 2.Teil.

Und eins verspreche ich Dir, wir werden weiterkämpfen, auch wenn es schwer ist. Bis das der letzte Käfig leer ist. Bis die Tage mein süßer Alfi, ich drück dich und Deine Schwestern.

Und die Muddi und den Papi die immer auf dich aufpassen auch

Elke H.: Ich freue mich schon darauf, dass Buch zu lesen. Und freue mich auch schon auf das nächste Buch. Alf es ist so schön gewesen bei der Mahnwache in Neugraben dich kennen lernen zu dürfen. Ich habe mich auch gleich in dich verliebt. Du und deine Geschwister, seid ein Geschenk Gottes. Möget ihr alle ein langes Leben in euren tollen Familien haben. Fühlt euch ganz fest geknuddelt von mir.

Celin H.: Hallo Alf mein Prinz

Ich stand 93 Tage vor dem Labor, es war der Horror euch bellen zu hören. Ich konnte euch nicht helfen, aber ich gab nicht auf, bis der Tag da war und du endlich befreit wurdest. Du bist in eine liebevolle und glücklich Family gekommen und hast auch gleich zwei super Geschwister dazu bekommen. Jetzt musstest du alles neu lernen und verstehen wie das leben hier ist. Alf du bist so willensstark, dass du es auch in vollen Zügen genießt, wie schön es doch ist zu Leben. Ich durfte dich dann etwas später auch kennenlernen. Mein Herz fing an zu blühen, als ich sah was du für Fortschritte gemacht hast und du so glücklich bist. Du läufst ohne Leine, hörst aufs Wort und wenn es ein

Leckerli gibt kommst du mit deinen Flugohren ganz schnell wie ein Blitz. Wenn ich zu Besuch kam, dein Kopf war gleich in meiner Tasche, ja mein Bodyguard hat Dörrfleisch mitgebracht. Deine Freude war so groß das mir die Tränen in den Augen standen vor Glück. Ich saß mit Muddi und Papi am Tisch beim Essen, da ging Muddis Handy und Papa sagte, Alf weiß Genau Bescheid es ist Tabletten Zeit. Und zack Tablette weg, als ich es sah, war ich sprachlos wie lieb und willensstark du bist, aber das mit deinen Anfällen macht mich sehr traurig, was haben die bloß mit dir getan. Du hast klettern gelernt, gehst mit Muddi zum Arzt, du machst Physiotherapie und alles mit so viel Liebe. Wenn der Papa von der Arbeit kommt freust du dich wahnsinnig, Alf was du in einem Jahr gelernt hast, das ist so schön zu sehen. Man kann es gar nicht in Worte fassen. Alf und deine 2 Geschwister Tessa und Hetty seid so lieb, ihr seid in der glücklichsten Family der Welt angekommen. Du liebst die Spaziergänge, dein Bein beim Pippi machen kannst du jetzt auch gut heben.

Bin so stolz auf dich, aber auch auf deine Muddi und Papi, weil die tun alles für dich (Geschwister) mit so viel Fürsorge. Ich hoffe das du noch sehr lange unter uns bleibst und das Leben in vollen Zügen genießt. Drück dich aus der Ferne Alf mein Prinz

Jana Z. und Pia: Hallo Alf, zu deinem Buch habe ich dir folgendes zu berichten: meine Muddi hat das Buch verschlungen! Sie sagt, es ist Wahnsinn, was ihr durchgemacht habt. Es ist so schön zu lesen, wie du jeden Tag mehr in ein glückliches Leben zurückgekehrt bist und wie gut es dir und deinen Geschwistern geht. Wir würden uns sehr freuen, weiterhin einen Einblick in dein hoffentlich noch langes Leben zu erhalten! Vielleicht kann ich dich ja auch einmal persönlich kennenlernen! Einen dicken Schmatzer aus der Ferne schickt dir deine Pia

Patricia T.-S.: Hallo mein lieber Alf! Natürlich haben auch ich bzw. wir dein Buch gelesen und freuen uns auf das nächste Buch. Das wir natürlich auch kaufen werden. Ich finde es so wunderschön wie du dich entwickelt hast. Wenn ich überlege, wie es am Anfang war und jetzt ist einfach nur Klasse, mach weiter so mein großer. Du bist ein absoluter Kämpfer Alf!! Ich weiß wie schwer es aber auch manchmal ist. Denn wie du weißt, hast du und deine Laborschwester Lucy ja leider die gleiche Vergangenheit. Für Lucy war es am Anfang auch extrem schwer. Sie hatte am Anfang sehr viele Panikattacke und gesundheitliche Probleme, die aber zum Glück immer weniger werden. Lucy hatte, als sie zu uns gekommen ist schlechte Zähne, hat sehr stark gestunken und war richtig dick. Sie hat bei ihrer Größe von stolzen 30 cm fast 14 kg gewogen, mittlerweile ist sie runter auf 9,8 kg. Die Zähne sind auch wieder super, nachdem ihr leider 4 Zähne gezogen werden mussten. Sie war ja auch scheinträchtig und hat sich 14 Tage richtig stark gequält, weil sie ihre Babys nicht gespürt hat. Wir mussten sie ja dann kastrieren lassen. Aber jetzt geht es ihr zum Glück wieder gut. Wenn ich überlege was Lucy und du schon alles über euch ergehen lassen musstet, in eurem Leben, wird mir ganz anders. Ich bin so froh das ihr Zwei und die anderen geretteten Tiere jetzt ein wundervolles Leben habt. Du deine Schwestern Muddi und Papi ihr seid so stark und so ein wahnsinnig tolles Rudel. Ich finde es so wunderschön wie viel Liebe deine Muddi hier in dein Blog oder Buch reinsteckt. Ich bin so froh, dass ich deine Muddi hier getroffen habe und ich immer wieder aufs Neue erfahre wie es unseren Kämpfer Alf geht. Hoffentlich lernen wir euch bald mal endlich persönlich kennen deine Laborschwester Lucy freut sich auch schon drauf! Wir wünschen dir lieber Alf noch ganz viele glückliche Jahre mit so vielen schönen Dinge und noch mehr liebe das all die schrecklichen Erfahrungen die du machen musstest noch mehr verblassen und weggehen. Einen ganz dicken Schmatzer und Knuddler aus der Ferne von uns und natürlich auch von Lucy P.S. Ich möchte mich im Namen von mir und meiner ganzen Familie bei allen Beteiligten Personen aus tiefsten Herzen bedanken, die es ermöglicht haben das wir unseren Schätzen ein neues und wunderschönes Leben schenken dürfen! DANKE AN ALLE!!

Vera Sy.: Schon seit Monaten verfolge ich das Leben und die Entwicklung von Alf. Aus einem ängstlichen, unerfahrenen Fellbündel der nur Fliesen, kalten Boden, Gitter und Schmerzen kannte, ist ein starker, selbstbewusster Heideprinz geworden. Seine Muddi und der Papi standen und stehen ihm mit sehr viel Geduld und Liebe zur Seite. Auch seine beiden "Schwestern" tragen ihren

Beitrag dazu bei. Ich werde niemals verstehen können wie Menschen diesen Wesen so viel Leid antun können. Sie lieben, trauern und fühlen Schmerzen genau wie wir... Darüber zu lesen tut weh und macht mich nur wütend. Alf hat sein liebes Wesen behalten, oder wiedergefunden nachdem er Vertrauen fassen konnte und gemerkt hat: Niemand tut mir hier was. Das Leben ist schön, ich kann erfahren was Liebe, Vertrauen und LEBEN ist. Wenn das doch alle könnten... Das neue Leben des kleinen Kämpfers macht Spaß zu lesen und ich oft über Muddis Beschreibung lachen. Es ist herzerfrischend Ich hoffe Alf wird noch sehr alt werden und mit Hetty, Tessa, Muddi und Papi und allen anderen weiterhin ein fröhliches langes Leben haben.

Maja P:. Lieber Alf, als ich dich das erste Mal traf, warst du erst wenige Tage in deinem „Für-Immer-Zuhause". Du hast mich mit leicht fragenden Augen angesehen, die aber auch irgendwie nicht wirklich lebten und mir gleich deine Pfote gereicht. Du warst wohl darauf trainiert, dein Blut zu geben. Es erschien dir komisch, dass niemand mehr eine Nadel in deine Venen stechen wollte. Du fandst es schön, gestreichelt zu werden, alles war neu, und du hast wohl noch nicht so recht glauben können, dass es nun anders werden sollte in deinem Leben. Wenn ich dich heute treffe, dann strahlen deine Augen mich an. Du bellst voller Freude und erwartest ein Leckerchen aus meinen Händen. Du kommst nicht mehr auf die Idee, mir deine Pfote zu reichen, weil du meinst, „arbeiten" zu müssen. Für mich ist es immer wieder eine erschütternde Erkenntnis, welch widersprüchliche Gefühle du in mir auslöst! – Ich sehe das Glück in deinen Augen und freue mich, dass du dich in deinem heutigen Leben so wohl fühlst. Ich freue mich, wenn wir spazieren gehen, und ich dich ausgelassen durch die Gegend rennen sehe oder du freudig zu uns zurückkommst, wenn deine Mama dich ruft. – Dann wiederum sehe ich ein Video, wo du einen epileptischen Anfall hast, eine Folge der Versuche im Labor. Das macht mich unendlich traurig, wütend und fassungslos. Es schmerzt mich, zu sehen, wie du Schmerzen hast. Ich leide selbst an Epilepsie und weiß, wie das ist, wenn man einen Anfall hat. - Ich denke an den Rekorder in deinem Bauch, den man noch nicht mal entfernen kann, weil die OP zu gefährlich wäre, und ich verfluche die Menschen, die dir das angetan haben, nur um einen wirtschaftlichen Vorteil dadurch zu erlangen. Und dann wieder hab ich dich in meinen Armen und drücke meine Nase an deine weichen Ohren und fühle einfach nur ganz, ganz viel Liebe! Es ist schön, dass es dich gibt! – Hoffentlich ist dieses Corona-Ding bald vorbei, damit wir uns wiedersehen können! Liebe Grüße auch von deinem Kumpel Eddy und der kleinen Piri! Deine Tante Maja

Claudia und Frank: Ein Hund ist ein Herz auf vier Beinen. Du bist das beste Beispiel dafür.
Durch deine liebevolle Art, kuschelst du dich in die Herzen der Menschen, die dich liebhaben und es gut mit dir meinen. Dich muss man einfach knuddeln.
Wir wünschen dir ein langes Leben mit deiner Familie.
Der Holzwurm Frank und Claudia

Monika &Andreas B .und Toni: Nach einiger Zeit besuchten wir meinen Bruder und Schwägerin. Die kamen gerade, durchgefroren, von der Mahnwache aus Mienenbüttel. Sie erzählten von der Mahnwache. Dieses inspirierte uns nach langen Überlegungen evtl. wieder ein Tier anzuschaffen. Denn vor längerer Zeit wurde unsere Katze überfahren, diese kam auch aus dem Tierschutz. Dann war Alf da, dieser kleine Herzensbrecher hat uns dazu inspiriert uns einen Hund aus dem Tierschutz zu retten. - Gesagt, getan- wir entschlossen uns einen Hund über eine Tierschutzorganisation zu holen. Unseren Toni bekamen wir aus Bosnien. Alfs Cousin, eine Hundefamilie. Gegenseitig pinkeln die Jungs als Gastgeschenk in die Häuser.

Steffi H.: Für meinen kleinen Prinzen auf dem weißen Einhörnchen

Große braune Kulleraugen, riesige Flugohren, eine schwarze Lakriznase und ein tollpatschiger Gang – so habe ich Alf, den Beaglemann am 06. Juni 2020 kennengelernt. Das Vertrauen und die Liebe, die er mir vom ersten Moment an entgegengebracht hat – völlig ungeachtet seiner schrecklichen Erfahrungen mit Menschen – rühren mich noch heute zutiefst, wenn ich an diese erste Begegnung zurückdenke. Denn Alfs vorheriges Leben war viele Jahre von Angst und Schmerzen geprägt, weil er wie viele andere Beagles weltweit, für grausame und sinnlose Tierversuche in einem Labor eingesetzt und missbraucht wurde.

Niemals hätte ich mir träumen lassen, dass sich unsere Wege eines Tages kreuzen und ich Alf irgendwann in meinen Armen halten würde. Doch im vergangenen Juni, war es dann soweit. Seither stelle ich mir häufig die Frage, was er mir wohl über seine Zeit und die Erfahrungen im Labor erzählen würde, wenn er denn könnte. Gefragt habe ich ihn das schon öfters, wenn wir beide alleine waren. Leider habe ich bislang keine Antwort darauf bekommen, und mir ist klar, dass ich von niemanden jemals Antworten erhalten werde. Doch zwei Dinge sind traurige Gewissheit: Alf, seine Laborgeschwister und viele andere Tiere hätten unter normalen Gegebenheiten niemals dieses Labor lebend verlassen. Überleben war für ihn und die anderen nicht vorgesehen. Nur durch einmalige, glückliche Umstände sowie den Einsatz und die Unterstützung vieler Menschen war es möglich, ihn und die anderen Tiere zu befreien und ihnen damit, eine Chance auf ein glückliches Leben in Freiheit zu ermöglichen.

Nun hat sein neues Leben in seinem Für-Immer-Zuhause begonnen, Alf 2.0 sozusagen. Er hat ein liebevolles Rudel gefunden, das ihn vom ersten Moment an in sein Herz geschlossen hat, ihn lieben und immer für ihn da sein wird. Egal, was kommt! Dieses neue Leben hält viele kleine und große Abenteuer für Alf bereit – und er meistert sie alle mit Bravour! Beagleflitzen par excellence zählt inzwischen zu einer seiner leichtesten Übungen. Und für alle, die es noch nicht wussten: Beagle können fliegen! Wozu auch sonst die großen Ohren?

Ich frage mich, was es wohl für ein unbeschreibliches Gefühl für Alf gewesen sein muss, nach Jahren zum ersten Mal Schnee unter den Pfoten zu spüren, Weihnachten zusammen mit seiner Familie feiern zu können oder auch zu der Erkenntnis zu gelangen, dass Wasserpfützen niemanden verschlingen?!

Kurzum, Alf hat sich in den letzten vierzehn Monaten prächtig entwickelt und es geht ihm gut, so gut wie niemals zuvor in seinem Leben. Leider sind da noch immer die dunklen Schatten seiner Vergangenheit, die ihn ein Leben lang, mal mehr und mal weniger, begleiten werden: Er leidet an Epilepsie. Aber auch dieses Schicksal, meistert und trägt er tapfer mit der Unterstützung seiner Familie und Freunde. Was ich von Alf und seiner Geschichte lernen konnte? Man muss mutig sein, nach vorne sehen und darf niemals aufgeben. Insbesondere dürfen Menschen niemals aufhören, dafür einzutreten, dass Tierversuche im 21. Jahrhundert aus wissenschaftlichen und ethischen Gründen keinen Platz mehr einnehmen und umgehend durch eine moderne, humanbasierte Forschung ersetzt werden müssen!

PS: Und für alle, die sich fragen, warum Alf „mein Prinz auf dem weißen Einhörnchen" ist, hier eine kurze Anekdote: Alf hat mich letzten Sommer auf einer wichtigen Mission im Kampf gegen Tierversuche unterstützt und aus der Patsche geholfen, indem er mir sein erspartes Taschengeld für ein neues Zugticket geborgt hatte, nachdem ich mein Köfferchen samt Portemonnaie am Bahnhof habe stehen lassen! Alf, du bist ein wahrer und treuer Freund. Ich bin unendlich dankbar, dein Rudel und dich kennengelernt zu haben, und auch wenn ich inzwischen meinen zweibeinigen Prinzen gefunden habe, wirst DU immer einen Platz in meinem Herzen haben. Ich hab' dich sehr lieb! Dicken Knutscha, deine Steffi.

Karsten E.: Lieber Alf,(…) von unserer ersten Begegnung an bist Du mit mir umgegangen, als wären wir alte Kumpels. Du hast Dich da wohl sehr auf das Urteil Deiner Schwestern, die mich ja schon länger kennen, verlassen und Dich – wie es eben so Deine Art ist – beim Begrüßen gleich ganz nach vorne gedrängelt. Mittlerweile hast Du dein Repertoire noch erheblich ausgebaut – zwischen den Schwester-Beinen hindurch, über die Couch auf deren Rücken – egal Hauptsache der Erste – und jüngst auch immer begleitet von affenartigem Gejohle! Zum Steinerweichen schön!

Als Deine Fürimmerzuhause-Leude uns erzählten, dass sie Dich aufnehmen, haben wir sie erstmal für völlig irre gehalten. Sie hatten ja bereits die zwei reinrassigen bulgarischen Straßenmädchen und würden mit dieser Entscheidung ihr Glück erneut ziemlich herausfordern. Uns ist dann aber ziemlich schnell klar geworden, dass das mit Glück mal garnix zu tun hat – naja, für Dich natürlich schon: Ein besseres Zuhause hättest Du nach Deinem bis dahin leidvollen Leben wirklich nicht finden können! Mit großartiger Geduld, gaaanz viel Akribie, unerschütterlichen Glauben daran, das Richtige zu tun – und einer gehörigen Portion Fachwissen(!) haben Sie die Nummer gerockt! Aus Dir, Deinen Schwestern und eben diesen tollen Menschen ist ein absolutes Super-Rudel zusammengewachsen! Danke, dass ich ein kleiner Teil davon sein darf (...)
Mit Liebe,Der Wonkel

FSC
www.fsc.org

MIX

Papier | Fördert
gute Waldnutzung

FSC® C083411

Zeitfracht Medien GmbH
Ferdinand-Jühlke-Straße 7
99095 Erfurt, Deutschland
produktsicherheit@kolibri360.de